일과 삶의 균형을 갖춘

헤어디자이너

신우용유
진음
권
전
정
지민

Anibig

헤어디자이너

지 은 이 | 권신우 전진용 정민유

초 판 인 쇄 | 2021년 01월 15일
초 판 발 행 | 2021년 01월 15일

펴 낸 이 | 이상혁
펴 낸 곳 | (주)애니빅
편집디자인 | 이한솔
표지디자인 | 이태진
일 러 스 트 | 김은지
사   진 | 김이원

(주)애니빅
주   소 | 서울시 영등포구 경인로 82길 3-4 (문래동 1가 센터플러스 716호)
전   화 | 02-2164-3840
이 메 일 | 0221643840@daum.net
등 록 번 호 | 제2008-000010호

ISBN 979-11-87537-72-4 03590
값 17,000원

ⓒ 저작권은 저자에게 있습니다. 저자와 합의해 인지는 생략합니다.
* 잘못 만들어진 책은 구입하신 서점에서 교환해 드립니다.

Printed in KOREA

권신우
35년의 헤어디자이너 활동하며 데이앤라이프 헤어살롱 16년간 운영 경험을 가지고 헤어기술 교육기관인 뷰클래스아카데미를 설립하고 헤어디자이너의 기술과 서비스의 질적 향상과 다음 세대의 뷰티전문가를 양성하는 비젼을 가지고 있다. 아울러 사회적협동조합 ' 미다함 ' 이사장을 겸하고있다 .

전진용
경기대 사회적경제전문가과정 주임교수로 활동하였으며, 뷰클래스아카데미 설립에 참여하여 교육평가시스템을 개발하였고, 강사교육을 진행하였다. 교육사업과 함께 헤어살롱 사업주들이 함께하는 사회적협동조합 활동을 통해 미용산업의 혁신과 변화를 만드는 것의 또 다른 도전 목표이다.

정민유
웨딩문화와 산업구조의 변화를 만드는 사회적기업 ㈜좋은날 대표로 활동하고 있으며, 이번 출판에는 기획 및 일러스트 작업으로 참여하였다. 이 책을 통해 헤어디자이너들이 사람들의 외모와 더불어 마을을 가꾸고 사회를 아름답게 하는 변화의 주인공이 되기를 바라며, 더 나은 세상을 항상 꿈꾼다.

책을 출판하며

 이 책은 '헤어디자이너'로서 전문직업인이 되기 위해 기술을 연마하며 준비하고 있는 분들을 위한 직업소양 자기계발서이다. 고객들의 외적인 아름다움과 더불어 마음까지 다루고 가꾸는 특별한 헤어디자이너로 성장하길 바라는 마음에서 전문직업인에게 필요한 직업소양으로서 변화, 열정, 도전, 사명에 대해 다루었다.

 헤어살롱을 운영하며 헤어디자이너로 활동한 지 30년이라는 세월이 흘렀다. 그동안 영국 런던 '삿순', 일본 '교토이미용학교', 미국과 캐나다 '아베다' 등과 꾸준히 교류해 오면서, 전통과 권위를 인정받는 해외 유수한 기업과 교육기관들을 국내에 소개하고 현지 교육에 참여시키는 일을 병행하여 왔다. 이들 교육기관의 수준 높은 기술과 교육의 질을 직접 참관하면서 부러운 마음이 항상 있었기에, 국내에도 차별화된 교육의 질을 가진 미용전문교육기관을 직접 설립하겠다는 꿈을 갖게 되었다. 그래서 최근에는 교육기관 설립에 대한 오랜 준비와 꿈을 현실화하고자, 교육을 위한 별도의 공간을 마련하여 현직 헤어디자이너를 대상으로 일과 교육의 병행이 가능한 방식의 프로그램을 기획하여 테스트버전으로 교육을 진행하여 왔다. 그리고 그 결실로서 헤어디자이너 전문교육기관 뷰클래스마카데미를 설립하게 되었고, 이에 즈음하여 이 책을 집필하게 되었다.

 영국 '삿순', 일본 '교토이미용학교' 등 주요 해외교육기관과의 교류에서 얻은 것은 단순히 수준 높은 기술만은 아니었다. 여러 차례 만남 과정에서 자연스럽게 이들의 철학과 차별화된 교육시스템을 알게 되었고, 국내에도 이들과 같은 교육기관을 설립해야겠다는 큰 꿈까지 생기게 되었다. 그리고 결국에는 미용전문 교육기관 뷰클래스아카데미를 최근 설립하게 되었다. 이를 통해 새롭게 시작하는 헤어디자이너들에게 변화의 계기를 제공하고 생각의 틀을 깰 수 있도록 돕는 그런 존재가 되는 것이 이제 남은 나의 간절한 바람이다.

그동안 헤어살롱을 운영하며 헤어디자이너를 길러내는 일들을 끊임없이 해 왔다. 사람들을 길러내는 일은 그 나름의 성취와 보람만큼 사람에 대한 실패와 좌절의 아픔을 경험하는 일이다. 전문교육기관이 갖추어야 할 교육은 기술이나 서비스 정신도 중요하지만, 헤어디자이너들에게 직업인으로서의 소양을 깊이 심어주어야겠다는 확고한 신념을 갖게 된 소중한 경험이고 자산이다.

늘 일이 우선순위여서 서운함이 많았을 텐데... 이제는 어엿하게 성장해서 엄마를 응원하고 조언까지 해주며, 이 책을 마무리하기까지 용기를 낼 수 있도록 큰 힘이 되어준 대견하고 고마운 딸과 묵묵히 내 꿈을 응원하고 항상 지지해준 남편 그리고 공동 집필로 참여해 주신 전진용 교수님과 이 책의 기획·편집을 도와주신 사회적기업 ㈜좋은날 정민유 대표님께 감사한 마음을 전한다. 그리고 언제나 나와 동행하여 주시는 하나님께 영광을 돌린다.

2021년 1월
저자를 대표하여 권신우

Contents

책을 출판하며 4
프롤로그 10

제1부 변화_
괜찮은 헤어디자이너 13

제1장 어떤 헤어디자이너가 될 것인가? 15
 〈꿈과 희망을 품는 일〉 16
 〈나는 할 수 있다는 신념과 용기〉 19
 〈내가 주인공인 세상〉 23
 〈초심으로 돌아가는 용기〉 27

제2장 '개념' 있는 헤어디자이너가 되라. 33
 〈나에게 헤어디자이너란?〉 34
 〈고객과의 관계의 질을 중심으로〉 38
 〈변화를 선택하는 행동, 신념, 용기〉 42
 〈헤어살롱 현장과 자신의 능력, 꿈, 자신만의 삶〉 46

제3장 좋은 목표가 나를 변화시킨다. 51
 〈직업에서 목표가 만드는 영향〉 52
 〈헤어디자이너, 나만의 내비게이션〉 56
 〈헤어디자이너의 목표를 만드는 단계〉 60
 〈'목표'라고 쓰고 '실천'이라고 읽는다.〉 64

제2부 열정_
사랑받는 헤어디자이너 71

제4장 중요하지만 급하지 않은 시간을 늘려라. 73
〈스티븐 코비의 제2 상한〉 74
〈삶의 열정을 만드는 시간관리〉 78
〈우선순위와 포기순위〉 82
〈헤어디자이너, 자신만의 성공의 열쇠〉 86

제5장 직업적 영감으로 사고하라. 91
〈오랫동안 쌓은 기술과 지식의 직업적 영감〉 92
〈창의성의 역설과 기본의 중요성〉 96
〈상황을 뛰어넘는 변화〉 100
〈디자인적 사고〉 103

제6장 실력 플러스 인성을 겸비하라. 109
〈실력보다 더 중요한 플러스알파〉 110
〈태도의 중요함〉 114
〈진실한 소통과 공감〉 117
〈공동체 의식〉 121

Contents

제3부 도전_
인정받는 헤어디자이너 127

제7장 나만의 경쟁력을 만들어라. 129
〈경쟁력의 원천〉 130
〈진정한 경쟁력〉 134
〈경쟁력과 지속가능성〉 138
〈고객의 결핍을 볼 수 있는 능력〉 141

제8장 직업을 통해 자신을 표현하라. 145
〈전문직업인의 자기존중〉 146
〈'프로'는 형식을 익힌 후에 자기 방식을 취한다〉 150
〈자신의 능력을 알아가는 과정〉 153
〈헤어디자이너와 헤어아티스트〉 157

제9장 '나'라는 자기 브랜드를 마케팅하라. 161
〈'나'라는 자기 브랜드〉 162
〈자기 브랜드의 힘〉 165
〈최고의 서비스제공자〉 168
〈서비스 차별화〉 171

제4부 사명_
존경받는 헤어디자이너 175

제10장 성공하는 마음과 몸의 습관 177
〈'성공'이라는 것은 습관의 결과〉 178
〈성공한 사람이 성공할 수밖에 없는 이유〉 182
〈자신만의 삶의 규칙〉 186
〈주위의 성공을 자신과 연관 지어보기〉 190

제11장 일과 삶의 균형을 갖추어라. 195
〈일과 삶의 핵심 균형요소〉 196
〈여가의 의미와 중요성〉 199
〈가장 지혜로운 사람〉 202
〈스스로 만드는 행복의 조건〉 204

제12장 항상 배우며 성장하고 성취하여 나누자. 211
〈긍정적인 사고와 적극적인 마인드〉 212
〈뛰어난 헤어디자이너는 타고나는 것이 아니다〉 215
〈성취하여 나누는 삶의 가치〉 218
〈마음으로 소통하는 헤어디자이너〉 222

프롤로그

 인생의 국면이 새롭게 전환하려는 시기에는 새로운 마음가짐과 새로운 패러다임을 요구받게 된다. 특히, 전문직업인이 되기 위해서는 진정한 실력으로 살아내기 위한 굳건한 마음가짐을 갖는 것이 필요하다. 이것이 성공적인 인생을 설계하는 전제가 된다. 또한, 이것이 효율적인 인생의 전환을 도와주며 궁극적으로 인생을 한 단계 더 업그레이드시키는 중요한 동기_motive가 되기도 한다.

 전문직업인으로서 성공적인 인생설계를 하기 위해 첫 단계를 시작하는 여러분들이 한 가지 명심해야 할 것은, "성공이라는 인생의 목적지에 도달하기 위한 지름길 같은 것은 존재하지 않는다."는 것이다. 성공적인 인생설계란 지름길을 만들거나 찾는 것이 아니라, 필요한 각 단계를 효율적으로 구성하는 것이다.

 인생의 모든 과정에서 크고 작은 성취를 이루어 내기 위해서는 반드시 그 일과 성취에 필요한 실력이 있어야 하는데, 이러한 성취들은 그것을 이루어 내기 위해 각 단계를 진지하고 성실하게 그리고 묵묵히 수행하여 실력을 쌓은 사람들에게만 주어지는 선물이다. 따라서 이 책에서는 성공적인 전문직업인으로서 헤어디자이너가 되는 데 필요한 단계들은 무엇이며 각 단계를 효율적으로 밟아 올라갈 수 있게 하는 유력한 원칙들과 방법들을 제시하는 데 중점을 두고 있다.

 직업을 통해서 성공과 더 나은 삶을 꿈꾸는 여러분들에게 다시 한 번 강조하고 싶은 것은, 성공은 결코 단시간에, 손쉽게 얻어지지는 않는다는 것이다. 그러나 겁먹을 필요는 없다. 지금부터 무엇인가 의미 있는 일들을 시작하면 된다. 이 책에서 말하는 내용을 모두 명심할 필요는 없다. 다만, 손쉬운 것부터 따라 해 보는 것이 중요하다. 지금 당장 시작하는 것이 중요하다. 그러면 당신은 이미 헤어디자이너로서 성공으로 가는 열차에 올라탄 사람이 된 것이다.

 나는 인생에서 절대행복이란 존재하지 않는다고 믿는다. 따라서 다른 사람의 행복해 보이는데 왜 나만 불행하지? 따위의 생각은 고민할 필요조차 없다. 자신이 진정으로 원하는 꿈을 추구하는 과정 자체가 가장 큰 행복이기 때문이다. 그렇게 자신을 서서히 변화시켜 나아가면 된다. 그래서 일상의 소소한 행복과 성취들에서 감사하며 자신만의 꿈과 자신만의 삶을 묵묵히 살아가기는 여러분이 되기를 진심으로 바란다.

 이 책이 헤어디자이너로서 변화, 열정, 도전 그리고 사명을 꿈꾸는 여러분들에게 작은 등불이 되기를 기대해 본다.

CHANGE

가장 훌륭한 시는 아직 씌어지지 않았다.
가장 아름다운 노래는 아직 불려지지 않았다.
최고의 날들은 아직 살지 않은 날들.
가장 넓은 바다는 아직 항해 되지 않았고,
가장 먼 여행은 아직 끝나지 않았다.
불멸의 춤은 아직 추어지지 않았으며
가장 빛나는 별은 아직 발견되지 않은 별.
무엇을 해야 할지 더 이상 알 수 없을 때
그때 비로소 진정한 무엇인가를 할 수 있다.
어느 길로 가야 할지 더 이상 알 수 없을 때
그때가 비로소 진정한 여행의 시작이다.

/ 나짐 히크메트 〈진정한 여행〉 중에서

제 **1** 부

변화

괜찮은 헤어디자이너

나에게 '헤어디자이너'라는 직업은
내 인생의 최고의 선택이었다.

CHANGE
CHANGE
CHANGE

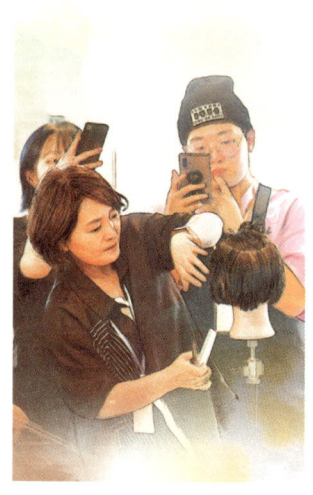

그런즉 너희가 어떻게 행할지를 자세히 주의하여
지혜 없는 자같이 하지 말고
오직 지혜 있는 자같이 하여
세월을 아끼라.

/ 에베소서 5장

제1장
어떤 헤어디자이너가 될 것인가?

새로운 영감을 얻기 위한
새로운 시도와 변화에
열정과 용기를
가지고 도전해야 한다.
이전에 가지고 있던
생각의 틀에서 벗어날 수 있어야
새롭게 변화할 수 있다.

꿈과 희망을 품는 일

"새롭게 무엇인가를 시작하는 것은 떨리고
두려운 일이지만, 동시에 새로운 꿈과 희망을
품을 수 있는 기회이기도 하다."

어느덧 헤어디자이너로 활동한 지 30년이라는 세월이 흘렀다. 그동안 크고 작은 고민이 없었던 것은 아니지만, 꽤 긴 세월 한 길을 걸어온 것 같다. 나에게 '헤어디자이너'라는 직업은 운명처럼 다가왔고, 천직으로 여기며 지금까지 이 일을 해오고 있다. 나는 헤어디자이너라는 나의 직업을 사랑한다. 그리고 나에게 '헤어디자이너'라는 직업은 내 인생의 최고의 선택이었음에 감사한다.

헤어디자이너 초창기 시절은 최고의 전문가로 인정받는 헤어디자이너가 되겠다는 목표를 가지고 부단히 기술을 연마하던 힘든 시기였지만, 어느 시기부터는 사람들의 외모뿐만 아니라 '마음을 다루며 가꾸는 특별한 헤어디자이너'가 되겠다는 꿈을 갖게 됐다. 되돌아보면 이 꿈은 내게는 신앙처럼 어느덧 분명한 목표가 되었고, 지금까지 나를 지탱하며 여기까지 오게 한 가장 큰 힘이었다.

새롭게 무엇인가를 시작하는 것은 떨리고 두려운 일이지만, 동시에 새로운 꿈과 희망을 품을 수 있는 기회이기도 하다. 이제 막 헤어디자이너라는 직업에 발을 내디딘 상황에서 생활이 고달프고, 기술을 숙련하는 시간이 힘들 것이며, 마음의 여유도 없을 것이다. 어려운 상황이겠지만, 지금은 새로운 출발선에서 "어떤 헤어디자이너가 될 것인가?"라는 질문을 자신에게 던지고 이를 집중적으로 고민하는 시간을 충분히 가져야 한다. 고민의 깊이와 시간만큼 어느새 성장해 있는 여러분을 발견하게 될 것이다.

새로운 꿈과 희망을 갖는 것은 인생을 보다 가치 있는 삶으로 변화시키는 출발점이 된다. 어떤 헤어디자이너가 될 것인가를 고민하며 전문직업인이 되겠다는 굳건한 목표를 가지고 자신을 세워가야 한다. 그리고 끊임없이 자신에게 "왜_Why"라는 질문을 던져보아야 한다. 분명한 동기에서 비롯된 비전이 아니라면 허황된 꿈으로 끝날 수도 있다. 그래서 "무엇을 위해서 이 일을 하는가?"라는 질문보다는 "왜 이 일을 하는가?"라는 질문에 더 집중해야 한다. 무엇을 먹을까, 무엇을 마실까, 몸을 위해 무엇을 입을까라는 일상의 염려를 넘어, 스스로 각자에게 주어진 전문직업인으로서의 사명이 무엇인지를 집중해서 고민해 보아야 한다. 그래야 자신의 비전을 향해 흔들림 없이 온전히 나아갈 수 있게 된다. 전문직업인으로서 자신을 세워가는 과정은 동기와 비전을 굳건히 하는 것에서부터 시작된다.

자신과 자신의 직업을 사랑하고, 다른 사람을 돌아볼 수 있는 마음과 여유를 가지고 우리의 일을 시작하자. 지금 필요한 것은 새로운 꿈과 희망을 품는 일이다. 새로운 꿈과 희망을 갖는다는 것은 분명 즐겁고 행복한 일이다. 이제 새로운 출발선에서 "어떤 헤어디자이너가 될 것인가?"라는 고민이 즐겁고 행복하게 느껴지기 시작했다면, 당신은 이미 훨씬 '괜찮은 사람'으로 변해가고 있다고 자부해도 좋을 것이다.

나는 할 수 있다는 신념과 용기

"자신의 삶을 성공적으로 변화시키는 힘은
항상 우리 자신 안에서 잠자며 기다리고 있다.
그것을 깨울 수 있는 것은
스스로 할 수 있다는 신념과 용기이다."

일본인들이 많이 기르는 관상어 중에 '코이'라는 잉어가 있다. 이 잉어를 작은 어항에 넣어서 키우면 5~8cm밖에 자라지 않는다. 그러나 아주 커다란 수족관이나 연못에 넣어두면 15~25cm, 강물에 방류하면 90~120cm까지 자란다고 한다.

우리에게 잠재된 능력도 더 확장된 세계를 지향할수록 훨씬 더 크게 성장한다. 사람들이 어떤 일을 하고 못하고는 지식이나 능력 이전에 자기 스스로를 믿는 능력 여하에 달린 경우가 대부분이다. 자신이 할 수 있다고 확고히 믿는 일은 기어이 해내며, 할 수 없다고 생각하여 미리 포기한 일은 결국 할 수 없게 된다. 스스로 자신을 결코 우물 안 개구리로 만들지 말아야 한다. 스스로 한계를 정하고 그 굴레 안에 안주해서는 안 된다. 늘 변화를 시도하고, 새로운 목표를 만들고 도전할 수 있어야 한다.

자신의 삶을 성공적으로 변화시키는 힘은 항상 우리 자신 안에서 잠자며 기다리고 있다. 그것을 깨울 수 있는 것은 스스로 할 수 있다는 신념과 용기이다. 헤어디자이너로서 성공하는데 자신의 잠재 능력을 최대로 끌어 올리는 것은 가장 중요한 요소 중의 하나이다. 잠재능력은 자신이 개발하고자 하는 모든 직업능력 전반에 영향을 미친다. 헤어디자이너는 기본적으로 기술을 서비스하는 직업으로서, 기술적 재능과 더불어 창의적 영감, 성취 욕구, 도전의식, 적극성, 집중력 등의 직업능력이 추가로 요구된다. 이것은 단순한 노력만으로 얻어지는 것이 아니다. 이러한 것들은 우리가 가지고 있는 잠재능력을 깨워내는 과정에서 자연스럽게 얻어지게 되며, 성취해 내고자 하는 목표에 더욱 가까이 다가갈 수 있게 한다.

헤어디자이너라는 직업은 자기의 기술 수준을 향상하기 위해 늘 노력해야 하고 또 새로운 기술을 끊임없이 배우고 익혀야 하는 그런 직업이다. 항상 새로운 영감을 얻기 위한 새로운 변화를 시도해야 한다. 스스로 할 수 있다는 신념과 용기를 가지고 시작하면, 자신이 어떤 분야에 흥미를 느끼고 있는지, 어떤 분야에서 기술을 잘 발휘할 수 있는지, 또 그 가능성은 어느 정도인지 등을 찾아내고 알아가는 것도 훨씬 수월하다. 그래서 항상 열정을 가지고 변화에 도전해야 한다. 자기 자신에 대한 신념과 용기가 있어야 이것을 지속할 수 있다.

나는 헤어살롱을 운영하다가 영국 유학길에 올랐고, 국내에 돌아와 다시 헤어살롱을 운영하며 헤어디자이너로 활동하고 있다. 그동안 미국, 일본, 영국, 캐나다 등 주요 교육기관과 교류하면서 축적된 경험을 바탕으로 미용전문교육기관 '뷰클래스아카데미'를 설립했고, 이 일을 본격적으로 더 확대하기 위해 그동안 나를 지지하고 응원해 주었던 파트너살롱 원장님들과 함께 '미다함 사회적협동

조합'을 설립했다.

 돌이켜보면 헤어디자이너로서 참 많은 변화와 새로운 시도들을 해 온 것 같다. 오랫동안 이것이 가능했던 것은 나 스스로 변화를 갈망했고 또 내가 스스로 할 수 있다는 신념과 용기가 있었기 때문이었다. 그리고 지금도 늘 새로운 영감을 얻고, 새로운 기술을 배우며, 나 자신을 스스로 유지하기 위해 항상 노력하고 있다.

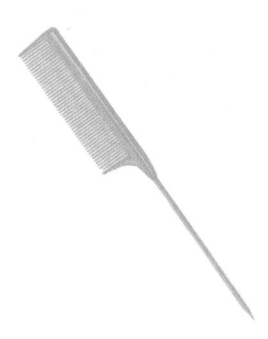

내가 주인공인 세상

"내 삶의 주인공은 바로 나 자신이다.
누구도 대체해 줄 수 없다.
나의 삶의 드라마에서는 모든 초점이
나에게 맞추어져 있다는 것을
항상 상기해야 한다. 나의 삶이라는
드라마는 나 스스로 써 나아가야 한다.
TV 속 드라마처럼 작가가
따로 존재하지 않는다."

성공한 사람들은 자신의 삶을 스스로 경영한 사람들이다. 이는 자신의 삶에 대해 최고경영자가 되어 최종 책임을 진다는 의미를 내포한다. 여기에서 책임_responsibility이란 말은 어떤 일에 대해 어떻게 반응_

response할지를 선택할 수 있는 능력_ability이 결합된 용어이다. 자신의 삶을 스스로 경영해 온 사람들은 자신의 선택에 대해 어떤 상황, 어떤 여건, 어떤 영향 때문이라는 핑계를 대지 않는다. 오히려 어떤 일을 어떻게 완수할지에 대한 책임을 먼저 생각한다. 이들은 일상의 여러 가지 상황 속에서 선택과 집중을 통하여 결과를 이끌어내는 데 집중한다. 그리고 다양한 각도에서 문제에 접근하여 창의적으로 대안을 만들어내고 이를 단순화하여 문제해결이라는 명확한 성과를 만들어 내는 특징이 있다.

우리는 우리의 시간과 에너지가 무엇을 선택하고 있는지, 어디에 집중되어 있는지를 살펴보아야 한다. 목표달성을 위해 무엇이 부족한지, 현재와 미래의 문제에 어떻게 대처해야 할지 등을 알게 하여 그만큼 성장이나 성공 가능성이 높아지게 되는 일석이조의 효과가 있다. 자신의 삶에 대한 진단과 점검을 통해 더욱 효과적으로 자신의 행동과 사고체계를 자신의 목표와 비전에 일치시킬 수 있게 될 것이다. 자신의 삶을 스스로 주도해 나가는 것이다.

나는 그동안의 교육과정에서 주도적인 사람과 그렇지 않은 사람은 교육 성과에서 생각보다 너무나 큰 차이를 나타낸다는 것을 절실히 경험하였다. 그래서 어떻게 하면 살롱 인턴 교육생에 이것을 적용할 수 있을까를 고민하게 되었고, 미리 설계된 평가지에 의한 독특한 평가시스템을 고안하였다. 교육생을 라이브모델(고객), 에듀케이터, 살롱시니어가 각각의 상황에서 매번 다면평가하고, 측정된 평가결과를 날짜별로 지속적으로 업데이트하여 제공해서, 헤어디자이너들이 주요 항목들의 수준이 어떻게 상승하는지 또는 정체되고 있는지 등을 확인하고 부족한 부분을 스스로 대처하여 주도적으로 해결해 갈 수 있게 유도하고 있다.

 아울러 기술을 계량화하고 객관적인 기술력을 보게 하는 것은 신입디자이너 평가 시 중요한 도구로 사용한다. 물론, 교육자 입장에서 교육생의 부족한 부분을 채우도록 노력도 하여야겠지만, 이를 통해 스스로 부족한 부분을 채우려는 교육생과 함께 서로 더 큰 시너지를 낼 수 있을 것이라는 기대가 컸다. 부족한 부분을 어떻게라도 채워보려고 안간힘을 쓰는 교육생들과 최선을 다하는 에듀케이터들의 노력은 항상 놀랍고 감동적인 교육성과로 결실을 보고 있다.

내 삶의 주인공은 바로 나 자신이다. 누구도 대체해 줄 수 없다. 나의 삶의 드라마에서는 모든 초점이 나에게 맞추어져 있다는 것을 항상 상기해야 한다. 모든 상황이 나를 중심으로 움직일 것이라고 상상하라. 이 과정에서 얼마나 주도적으로 자신의 삶을 살아냈느냐에 따라서 그 결과는 '해피 앤딩'으로 끝날 수도, 그렇지 않게 될 수도 있다. 나의 삶이라는 드라마는 나 스스로 써 나아가야 하는 것이다. TV 속 드라마처럼 작가가 따로 존재하지 않는다.

초심으로 돌아가는 용기

"변화에서 가장 힘든 것은
새로운 것을 생각해내는 것이 아니라,
이전에 가지고 있던 기존의 틀에서
벗어나는 것이다."

나는 헤어디자이너라는 직업을 선택한 것에 대해 후회하지 않는다. 다만, 더 잘할 수 있었던 것에 대한 아쉬움은 항상 남아있다. 그래서 지금도 좀 더 나은 나를 위하여 날마다 나를 새롭게 변화시키려고 노력하고 있다. 매일 새로운 생각을 하고, 마음을 새롭게 다지고, 행동에 변화를 주기 위해 노력하고 있다. '좀 더 괜찮은 헤어디자이너'가 되고자 하는 꿈은 나에게 지금도 진행 중이다.

퍼스널컴퓨터(PC)는 바이러스에 감염되어 성능이 상당히 떨어지면, 소위 '포맷_format'이라는 것을 통해 초기화하여 최초 구매 시의 성능을 거의 회복할 수 있다. 인생을 살아가다 보면 모든 것을 원점으로 되돌리고 싶을 때가 있다. 또 모든 것을 잊고 새롭게 시작하고 싶을 때도 있다. 심지어는 완전히 불가능한 이야기지만, 과거의 어느 시점으로 되돌아갈 수만 있다면 이라는 생각을 해 본 경험도 있을 것이다. PC처럼 사람에게도 포맷할 수 있다면 얼마나 좋을까?

좀 더 괜찮은 나를 만들려면 이제 변화를 시작해야 한다. 변화는 매일매일 기존의 나를 버리는 연습의 반복에서 시작된다. PC를 포맷하는 것처럼 사람을 완전히 초기화할 수는 없겠지만, 기존의 생각과 마음을 새롭게 하고 어느 정도 비울 줄 알아야 한다. 그래야 새로운 꿈과 희망이 내게 들어올 공간이 생긴다.

헤어디자이너는 힘든 직업이다. 노동시간이 상당히 길고 매일매일 다양한 고객을 상대해야 한다. 그래서 일에 대한 딜레마에 빠지는 경우가 종종 있다. 일에 지쳐서 직업에 대한 회의감을 가지게 될 때 삶의 목표도 희미해진다. 이럴 때에는 PC를 포맷하는 것처럼, 초심으로 돌아가서 다시 시작하기 위한 용기가 필요하다. 새로운 마음가짐으로 변화를 준비하는 것이다. 수많은 고객을 상대하는 힘든 업무들도 항상 변화를 준비하는 헤어디자이너에게는 또 다른 보람이 되곤 한다.

변화에서 가장 힘든 것은 새로운 것을 생각해내는 것이 아니라 이전에 가지고 있던 기존의 틀에서 벗어나는 것이다. 기존의 생각과 행동의 틀을 깰 수 있어야 진정한 변화를 만들어 낼 수 있다. 그래서 변화에는 어떤 계기가 필요하다. 좋은 계기를 통해 분명한 동기를 갖게 되었다면, 더 많은 새로운 기회가 주어진다. 그리고 여기에서부터 또 다른 변화를 다시 시작해야 한다. 이렇게 자신만의 목표를 향해 한 걸음씩 나아가는 것이다.

끊임없이 변화를 추구하는 삶은 그것이 항상 긍정적인 방향을 유지하는 한 우리를 좀 더 나은 인생으로 인도하기 마련이다. 변화를 두려워할 필요는 없다. 변화를 즐기고 변화가 가져올 새로운 삶을 기대해 보자. 이제 좀 더 괜찮은 헤어디자이너로 나아가기 위해 새로운 변화를 준비하고 시작하자.면 헤어디자이너로서 참 많은 변화와 새로운 시도들을 해 온 것 같다. 오랫동안 이것이 가능했던 것은 나 스스로 변화를 갈망했고 또 내가 스스로 할 수 있다는 신념과 용기가 있었기 때문이었다. 그리고 지금도 늘 새로운 영감을 얻고, 새로운 기술을 배우며, 나 자신을 스스로 유지하기 위해 항상 노력하고 있다.

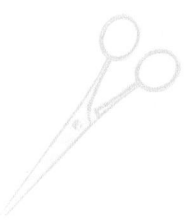

CHANGE
CHANGE
CHANGE

마음이 지혜로운 자는 명철하다.
일컬음을 받고 입이 선한 자는 남의 학식을 더하게 하느니라.
명철한 자에게는 그 명철이 생명의 샘이 되거니와
미련한 자에게는 그 미련한 것이 징계가 되느니라.
지혜로운 자의 마음은 그의 입을 슬기롭게 하고
또 그의 입술에 지식을 더하느니라.

/ 잠언 16장

제2장
'개념' 있는 헤어디자이너가 되라.

고객과의 '관계의 질_
quality of relation'에
중심을 두고 고객의 입장에서
문제를 바라보아야
고객에 대한 서비스의 질을
근본적으로 변화시키고
한 층 더 업그레이드할 수 있다.

나에게 헤어디자이너란?

"직업을 단순히 돈벌이의 수단으로만
생각해서는 곤란하다.
직업에는 인생을 성공적으로 사는 데
필요한 수많은 기본원칙을 포함하고
있어야 한다.
직업은 나의 인생과 분리되어 생각될 수 없는
인생의 중요한 요소들과 기본적인
원칙들의 결합체이다."

헤어디자이너라는 직업을 굳이 설명하지 않더라도 일반적으로 연상되는 것들이 있다. 그런데 미용업에 종사하는 사람에 대한 '미용사', '헤어디자이너', '스타일리스트'. '헤어아티스트' 등 호칭을 살펴보면, 헤어디자이너라는 직업에 대한 느낌이 사뭇 다르게 느껴진다. 요즘은 '헤어디자이너'가 가장 많이 쓰이는 것 같은데, 무엇으로 호칭하던 크게 다르지 않을 것 같지만, 실제로 각기 불러보면 차이가 있음을 알 수 있다. 당신은 어떤 호칭으로 불리고 싶은가?

우리는 헤어디자이너라는 직업에 대한 나만의 패러다임을 가질 수 있어야 한다. '패러다임'이라는 말은 굳이 번역하자면 '개념'이라는 말이다. 우리가 종종 쓰는 "개념을 좀 갖고 살아라."라는 말의 그것이다. 패러다임은 어떤 한 개개인이 주어진 조건에서 일이나 사물에 대해 생각하는 방식이라고 할 수 있다. 다시 말하면 우리가 세상을 보는 시각적인 감각이 아니라 지각하고, 이해하고, 해석하는 관점에서 이 세상을 보는 방식을 말한다.

직업인으로서 성공하기 위해서는 그 과정에서 지속적인 노력과 성취에 대한 올바른 원칙들을 내면화하는 것이 중요하다. 직업을 단순히 돈벌이의 수단으로만 생각해서는 곤란하다. 직업에는 인생을 성공적으로 사는 데 필요한 수많은 기본원칙을 포함하고 있어야 한다. 즉, 직업은 나의 인생과 분리하여 생각할 수 없고, 나의 인생의 중요한 요소들과 기본적인 원칙들의 결합체라는 것이다. 이러한 원칙들을 결합해 성공적인 직업인으로 연착륙하기 위해서는 우선 우리 자신이 어떤 '패러다임'을 갖고 직업과 삶에 대해 바라볼 것인가가 중요하다.

헤어디자이너라는 직업은 우리에게 어떤 의미일까?
우리는 헤어디자이너라는 직업을 어떻게 인식하고 있는가? 과연 돈을 버는 수단 그 이상도, 그 이하도 아닌가?

나는 그동안 헤어디자이너를 '사람들의 마음을 만지는 직업'이라고 설명하곤 했다. 요즘은 좀 흔한 말이 되었지만, 아직도 나는 이를 선호한다. 헤어살롱은 다양한 속마음의 변화를 해소하는 사랑방 역할을 하고 헤어스타일은 스트레스 해소의 한가지이다. 외모의 변화가 주는 마음의 만족을 얻는 곳이다. 그래서 '사람들의 마음을 만지고 가꾸는 헤어디자이너'를 나는 아직도 꿈꾸고 있다.

이제 진지하게 이 고민을 시작해 보자. 헤어디자이너에 대한 기존의 고정관념에서 탈피하여 새로운 패러다임으로 재해석해 보는 것이 중요하다. 새로운 패러다임을 갖는다는 것은 우리가 헤어디자이너를 보는 관점을 다른 관점으로 바꾼다는 의미이다. 내가 꿈꾸는 헤어디자이너는 무엇인지 나만의 언어로 설명할 수 있어야 한다는 것이다. 이것이 구체화해서 더욱 분명해질 때 내가 도달하고자 하는 목표지점도 더욱 명확해진다. 그리고 그 목표지점에 다가가는 것에도 큰 도움이 된다.

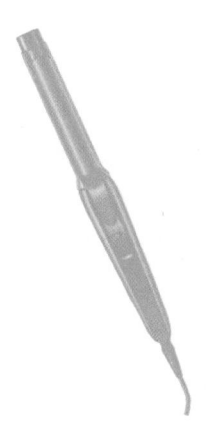

고객과의 '관계의 질'에 중심을 두고

"헤어디자이너에게는 '하나의 관점'에
고정되지 않은 다각적이고 유연한 사고방식이
절대적으로 필요하다."

똑같은 문제를 대하면서, 문제의 본질을 파악하고 문제해결방법까지 찾아내는 사람도 있지만, 문제가 무엇인지조차도 파악하지 못하는 사람도 있다. 이러한 차이는 다른 이유도 있겠지만, 일이나 문제를 대하는 방식의 차이가 그 근본적인 원인이 되는 경우가 대부분이다. 이것을 관점이라고 한다. 관점이란 '세상의 사물과 현상을 바라보고 생각하는 방식'이다. 관점은 사람들의 생각, 행동, 태도에 중대한 영향을 미치기 때문에 어떤 관점을 가지고 일을 대하느냐가 그 결과에도 큰 영향을 준다. '관점'의 차이가 결과의 차이를 만들어 내는 것이다.

따라서 일을 대하는 관점을 긍정적인 방향으로 변화시키면 일에 대한 결과도 당연히 긍정적으로 달라진다. 관점의 변화는 생각과 행동의 변화를 유발하여 궁극적으로 한 개인의 성과를 한층 업그레이드시킨다. 좋은 관점을 가진 사람들은 더 많은 것을 볼 수 있고, 더 많은 것을 들을 수 있으며, 더 많은 것을 느낄 수 있다. 또 그러한 기회를 더 많이 만들어 낼 수 있다.

우리를 문제의 본질에 접근시켜서 해결해야 할 지점을 명확하게 알게 하고 '세상을 더 넓게 볼 수 있는 힘', '세상을 읽어내는 힘', '문제를 해결하는 힘'을 더욱 강력하게 한다. 당연히, 다른 사람보다 더 많은 것들을 배우고 습득할 수 있게 되어 더 성장하고 성취하게 되는 것이다.

헤어디자이너에게 좋은 관점이 강조되는 것은 우리의 고객들이 가지고 있는 복잡하고 다양한 특성 때문이다. 그래서 헤어디자이너에게는 '하나의 관점'에 고정되지 않은 다각적이고 유연한 사고방식이 절대적으로 필요하다. 자기 입장만을 고수하지 않고 상대방(특히 고객) 입장에서 고려해야 할 점들을 생각할 수 있어야 한다. 하나의 고정된 관점으로 접근해서는 고객들의 다양한 요구와 특성에 부응하기 힘들다.

전문직 헤어디자이너에게 있어서 결론은 분명하다. 서비스의 직접 대상자인 고객의 입장으로 일을 대하는 방식을 변화시키는 것이다! 헤어살롱에서 선호하는 회원카드나 멤버십 시스템은 영업적 측면에서 고객의 이탈을 막고 잦은 재방문을 유도하며 고객에게 가격할인을 제공하는 유용한 장치이다. 이를 달리해서 생각해 보면, 단순한 영업수단이 아닌 헤어디자이너가 개인별 맞춤형 서비스를 제공할 수 있는 소중한 고객정보로 활용할 수 있는 수단이 된다. 매일 접하는 고객의 클레임이라는 것도 내가 부수적으로 해야 할 일이라는 관점에서는 귀찮고 번거로운 것으로 여겨지겠지만, 나의 서비스를 더욱 업그레이드하거나 고객과의 관계를 더욱 탄탄하게 만드는 계기라고도 생각할 수 있는 것이다. 누가 더 성공적인 헤어디자이너로 성장하겠는가?

 일을 대하는 방식, 즉 관점의 변화는 고객과의 관계에서 중요한 차이를 만들어낸다. 고객과의 '관계의 질_quality of relation'에 중심을 두고 고객의 입장에서 문제를 바라보아야 고객에 대한 서비스의 질을 근본적으로 변화시키고 한 층 더 업그레이드할 수 있다.

변화를 선택하는 행동, 신념, 용기

"변화는 나 자신의 가치를 잃지 않는 한,
항상 긍정적이다.
그러므로 삶의 과정에서 내가 시도하는
모든 변화는 내가 진정으로 원하는 사람에게
다가가기 위해서 이루어져야 한다.
이것이 오히려 당신을 당신이 원하는 목표에
훨씬 더 효과적으로 도달하게 한다는 것을
금방 깨닫게 될 것이다."

변화를 선택하는 것은 필연적으로 행동, 신념 그리고 무엇보다 용기가 있어야 한다. 변화는 기존의 나를 버리고, 새로운 뿌리를 내리고 가지를 뻗어 가보지 않은 새로운 지평을 찾는 일에 그 지향점이 있다. 변화를 목표로 하는 것은 우리 자신을 스스로 원점에서 다시 시작할 수 있는 기회이기도 하다. 그래서 변화는 나 자신의 가치를 유지할 수 있다면 항상 긍정적이다.

 직업과 관련해서 내가 시도하는 모든 변화의 목표는 내가 진정으로 원하는 사람에게 다가가기 위함에 집중되어야 한다. 여기에서 내가 진정으로 다가가기 원하는 사람이 누구인지 아는 것과 변화의 목표나 결과를 '나'로만 국한하지 않는 것이 중요하다. 변화의 목표를 '내가 더 잘되고', '내가 더 성공하고'에만 국한하지 말라는 것이다. 그러면 변화를 즐길 수 없게 되고 변화의 노예가 되기에 십상이다. 따라서 변화의 목표를 '내가 진정으로 원하는 사람에게 다가가기 위해서'라고 바꾸어 생각해 볼 필요가 있다. 이것이 오히려 당신을 당신이 원하는 목표에 훨씬 더 효과적으로 도달하게 한다는 것을 금방 깨닫게 될 것이다.

 사실, 사람들은 원래 변화를 좋아하지 않고 부정적인 것으로 여긴다. 그래서 너무 급격한 변화는 실패할 확률이 높다. 따라서 성공할 확률을 높이려면 단순하고 달성하기 쉬운 목표에서부터 더 크고 더 어려운 목표를 향해 한 단계씩 천천히 이뤄나가야 한다. 작은 성공들이 또 다른 목표를 향해 나아가게 하는 힘이 되어 줄 것이다. 진정한 변화와 커다란 성과는 이러한 과정이 매일매일 반복될 때 자연스럽게 얻어진다.

 헤어디자이너가 진정으로 인정받아야 할 대상은 누구일까? 고객이나 함께 일하는 동료, 당신을 고용한 원장 등일 것이다. 이들에게 진정성 있게 다가가서 이들에게 인정받는 것이 헤어디자이너로서의 현실적인 성공이 아니겠는가? 나는 지난 30년간 헤어디자이너와 원장으로서 활동하며 수많은 변화를 시도하며 크고 작은 성공과 실패를 경험했다. 처음에는 변화의 중심이 '나'였지만, 어느새 인가 '나와 고객', '나와 함께 일하는 동료' 그리고 어떤 경우에는 '나와 가족'으로 무게 중심이 변화하고 있었다. 또 변화의 목표 그 자체가 변화되고 확대되는 수많은 경험을 했다. 내가 진정으로 다가가기 원하는 사람들과의 관계의 질을 변화의 목표로 한 것이다. 나는 이것이 변화의 목표와 본질이 되어야 한다고 확신한다. 그래서 그동안 내가 해 왔던 변화들은 성공과 실패를 떠나서 항상 긍정적이었다고 자부할 수 있다.

 우리는 모두 변화 자체를 목표로 해야 하고, 지속해서 변화를 선택하고 즐길 수 있어야 한다. 이것은 변화의 주체가 되어 변화를 주도해야 한다는 의미이다. 새로운 도전에 변화가 따르는 것은 당연하다. 변화 없이 발전할 수는 없다. 변화의 주체가 되어 스스로 이를 이끌어나가기 위한 확신과 용기를 가지고 두려움 없이 변화를 즐기는 것이다.

헤어살롱 현장과 자신의 능력, 꿈, 자신의 삶

"보통 사람들은 목표에 도달하기 위해
쉽게 빨리 갈 수 있는 길을 찾기 마련이지만,
진정으로 현명한 사람은
그런 길을 알면서도 절대 그 길을
선택하지 않는다."

여러분들이 전문직 헤어디자이너라는 새로운 꿈을 펼쳐 가게 될 헤어살롱 현장은 그리 녹록지 않은 곳이다. 매 순간 자신의 능력을 입증해야 하고, 경쟁에서 이겨내야 하고, 스스로 서비스 결과에 책임져야 한다. 그러나 이 모든 것을 감당하는 것만으로는 진정한 성취에 이르지 못할 수도 있다. 성공을 위해 앞만 보고 달려왔건만 그것이 진정 자신이 원하던 삶이었는가에 대한 회의가 들 수도 있기 때문이다. 성공을 위해 일하는 데만 모든 에너지를 써 왔기 때문에 진정한 자신의 삶을 살지 못한 것은 물론, 가족과의 관계도 소원해졌고, 취미도 개발하지 못했으며, 어느 순간 외로움의 나락으로 떨어지는 사람들을 그동안 꽤 많이 보아 왔다. 현재 간절하게 목표로 하는 것은 실제로 자신이 진정으로 원하는 것이 아닐 수도 있다는 것이다.

그래서 나는 항상 자신의 삶을 뒤돌아보고 살필 수 있는 여유를 갖기를 강조해 왔다. 헤어디자이너뿐만 아니라 어떤 직업을 갖던 자기 자신의 삶을 사는 것이 무엇보다도 중요하다. 그래서 '나는 이 세상에서 진정한 나로 살고 있는가?' 하는 질문을 끊임없이 자신에게 던져보기를 권유한다. 이를 고민하는 것이 진정한 성공적인 삶의 출발점이다. 이를 통해 자신만의 세계와 가치관을 정립하고 그 속에서 자신만의 꿈을 추구해야 한다. 그래야 좌고우면하지 않고 진정한 목표를 향해 나아갈 수 있다.

지난 세월을 돌이켜보면, 특히 헤어디자이너로서의 성공적인 삶에는 절대 지름길이 존재하지 않았던 것 같다. 편법으로 동원해서 좀 빨리 가는 길을 택하여도 나중에는 큰 후회로 돌아올 수 있다는 것을 경계해야 한다. 보통 사람들은 목표에 도달하기 위해 쉽게 빨리 갈 수 있는 길을 찾기 마련이지만, 진정으로 현명한 사람은 그런 길을 알면서도 절대 그 길을 선택하지 않는다. 우리에게는 좀 더 장기적인 안목이 필요하다. 매 순간 실리와 원칙의 갈림길에서 올바른 선택을 할 수 있어야 진정으로 원하는 방향과 목표로 나의 삶을 바꿀 수 있는 것이다. 생각 없이 살다가 자신도 모르게 어느 사이에 그저 그런 사람들의 일부가 되지 않으려면 항상 깨어있어야 한다. 그래서 여러분들도 어느 시점에는 적어도 나는 자신의 가치를 스스로 지켜왔고, 헤어디자이너라는 직업인으로서 나만의 꿈을 좇아 나의 삶을 살아왔다고 말할 수 있는 사람이 되기를 바란다.

나는 인생에서 절대행복이란 존재하지 않는다고 믿는다. 따라서 다른 사람의 행복해 보이는데 왜 나만 불행하지? 따위의 생각은 고민할 필요조차 없다. 너무 행복 자체에 연연하지 말 것을 충고하고 싶다. 자신이 진정으로 원하는 꿈을 추구하는 과정 자체가 가장 큰 행복이기 때문이다. 일상의 소소한 행복과 성취들에서 감사하며 자신만의 꿈과 자신만의 삶을 묵묵히 살아가기는 여러분이 되기를 진심으로 바란다.

hair designer

CHANGE

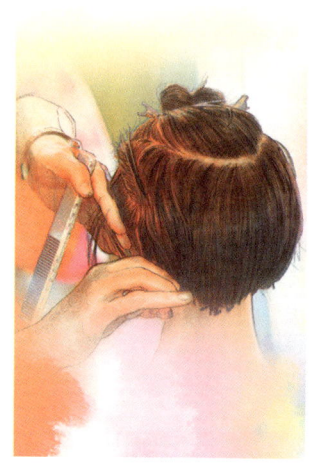

망령되고 허탄한 신화를 버리고
경건에 이르도록 네 자신을 연단하라.
모든 일에 전심전력을 다 하여
너의 성숙함을 모든 사람에게 나타나게 하라.

/ 디모데전서 4장

제3장
좋은 목표가
나를 변화시킨다.

목표는 우리의 일상생활이
우리가 꿈꾸는 전체적인 삶의
목적을 실현하는 데 의미 있게
기여할 수 있도록 조정한다.

직업에서 목표가 만드는 영향

"지금 이 순간에 집중해서 자신의 내면에서
진정 원하는 미래의 나의 모습을 상상해보고,
여기에 필요한 현실적인 요소들을
작은 목표들로 그려내어 보라.
진정으로 원하는 뚜렷한 목표가 만들어졌다면
자신이 원하는 성취에 한 걸음
더 나아가게 된 것이다."

직업의 선택은 근본적으로 삶을 변화시킨다. 이러한 변화가 자신의 삶을 긍정적인 방향으로 나아가게 하려면 목표를 만드는 것이 매우 중요하다. 목표들은 행동을 준비하기 위한 씨앗이다. 그것은 직업적인 새로운 도약의 출발점이기도 하다. 이제 그 씨앗을 옥토에 뿌려 뿌리를 내리게 하고 싹을 틔워야 한다. 작은 것부터 하나씩 실천해 가다 보면 어느새 크고 작은 성취라는 열매를 얻게 될 것이다.

 목표를 만드는 것은 그것이 무엇이든지 성장의 계기가 된다. 일반적으로 목표라는 것은 인생에서 아직 실현되지 않은 것들이다. 그래서 가치가 있다. 목표가 뚜렷하고, 그 목표에 재능과 노력을 집중한 사람과 그렇지 못한 사람은 직업적 성취에서 큰 차이가 나게 되기 마련이다. 목표는 인생이라는 항해에서 나침반 역할을 하기에 지금 이 시기에는 될 수 있으면 너무 큰 목표보다는 구체적이고 실현 가능한 작은 목표들을 만드는 것이 좋다.

 허황된 목표는 우리가 시작하기도 전에 우리를 종종 좌절의 늪에 빠지게 하여 우리를 한 발자국도 못 움직이게 할 수도 있다. 또 불만족스런 삶의 원인이 되기도 한다. 그래서 목표는 다른 사람의 요구와 기대에 부응하기보다, 자신만의 작지만 확실한 목표를 하나씩 단계별로 만들어 가는 것이 좋다. 직업적으로 성공하고 싶다면 일과 관련된 목표를 작은 것부터 만들고 실천해 나아가기 바란다.

목표는 헤어디자이너라는 전문직업인으로 시작하는 여러분의 여정에 상당한 영향을 미치게 될 것이다. 그래서 10년 후, 20년 후 자신의 모습을 상상해 보아야 한다. 그리고 다시 현재에 집중에서 실현 가능한 목표를 만들 수 있도록 고민해야 한다. 지금 이 순간에 집중해서 자신의 내면에서 진정 원하는 미래의 나의 모습을 상상해보고, 여기에 필요한 현실적인 요소들을 작은 목표들로 그려내어 보라.

작은 목표일지라도 목표들이 달성되기 시작하면 삶의 열정이 더욱 커지게 될 것이다. 이 열정을 가지고 또 다른 목표에 다시 도전하는 것이다. 또한, 자신감도 더 커져서 더 큰 목표에 도전하게 하는 힘이 될 것이다. 작은 성취들이 차곡차곡 쌓여 큰 성취로 돌아온다는 것을 믿어야 한다. 그래서 삶을 긍정적으로 살아내도록 항상 노력해야 한다. 이러한 훈련과 연습을 통해 진정으로 원하는 뚜렷한 목표가 만들어졌다면 자신이 원하는 성공에 한 걸음 더 나아가게 된 것이다.

자신의 목표를 성공적으로 달성하기 위해서는 현재 자신에게 직면한 중대한 문제들 또는 장애물들을 제거해야

만 한다. 이것은 단순하지도 쉽지도 않은 일이다. 많은 사람이 성공에 이르지 못하는 이유이기도 하다. 이를 위해서는 좀 더 유용한 그리고 적용이 쉬운 방법들이 필요하다. 이것이 바로 이 책이 다루고 있는 주요 내용이기도 하다. 그러나 이러한 방법들을 지속해서 실행해 내지 못한다면 결국 대부분의 다른 사람들처럼 성공에 이르지 못하게 되는 것이다.

헤어디자이너, 나만의 내비게이션

"자신의 인생은 그 어떤 사람이나 기계가
대신하거나 대체해서 살아줄 수는 없다.
결국, 내가 가야 할 길에 대한 선택은
내가 할 수밖에 없다.
우리가 인생을 성공적으로 살기 위해서는
나만의 내비게이션을 스스로
만들 수 있어야 한다."

내비게이션은 자동차를 운전하는 사람들의 필수품이다. 우리의 삶에도 목적지까지 경로를 알려주는 내비게이션이 있다면 얼마나 좋을까? 그것은 현실적으로 불가능한 일일지도 모른다. 자신의 인생은 그 어떤 사람이나 기계가 대신하거나 대체해서 살아줄 수는 없기 때문이다. 결국, 내가 가야 할 길에 대한 선택은 내가 할 수밖에 없는 것이다.

 그래서 크고 작은 목표를 통해 나만의 내비게이션을 스스로 만들어야 한다, 단순하고 기억하기 쉬운 문구, 숫자 또는 여러 가지 상징들을 통해 명확한 목표들을 만들고 순서를 정해보는 것이다. 이 과정은 한 번에 되지 않고 사람에 따라 몇 차례 반복해야 할 수도 있다. 달성하고자 하는 최종목표가 명확해지고 이에 대한 올바른 방향을 잡아갈 수 있도록 조정하고 수정하는 과정이 우리가 도달하고자 하는 최종 목적지까지 안내해주는 내비게이션과 같은 역할을 하게 된다.

 여기에서 중요한 것은 내비게이션에 잘못된 목적지를 입력하고 출발하였다면 더 열심히, 더 부지런히 속도를 낼수록 우리를 목적지와 더욱 멀어지게 된다는 것이다. 목적지가 정확하고 올바른지 항상 점검해 보아야 한다.

 또한, 내비게이션도 가끔 엉뚱한 길로 안내할 때가 있다. 도로 환경이 달라진 것이다. 나의 삶의 내비게이션도 상황의 변화에 따라 올바르게 항상 업그레이드해두어야 한다는 것을 잊지 말아야 한다. 그래서 우리는 항상 깨어 있어야 한다. 그래서 우리 주변의 환경변화에 발 빠르게 대처할 수 있어야 하고, 최종목표에 도달하기 위한 주요 경로들을 항상 점검할 수 있어야 한다.

 목표를 만드는 것은 헤어디자이너로 성공하기 위한 매우 중요한 과정이다. 하지만 매일 하루에 몇 번씩 그것을 위해 무엇인가를 하지 않는다면, 여전히 목표이자 계획이며, 한낱 꿈으로만 끝날 수도 있다. 구체적인 목표를 만드는 것도 중요하지만, 정말 중요한 것은 그 목표를 제대로 실천하는지, 방향에는 벗어나지 않았는지 그때그때 점검이 필요하다는 것이다. 아무리 좋은 목표를 세웠다 하더라도 자주 점검하지 않으면 결국 잊어버리게 되고 만다.

 우리는 우리의 시간을 어떻게 투자할 것인지 세심한 주의를 기울여야 하며, 시간의 소비자가 아니라 능률적인 시간의 투자자가 되어야 한다. 지금까지 아무리 많은 시간을 낭비했다 하더라도 내일의 시간은 여전히 모두 당신에게 남아있다. 매사에 계획을 세우고 시간을 현명하게 사용할 수 있는 능력을 키워야 한다. 내가 원하는 헤어디자이너의 모습을 그려보고 미래에 도달할 그 지점까지 나만의 내비게이션을 만들어 보는 것이다. 아~ 여기에서 잠깐! 내비게이션도 종종 업그레이드나 업데이트해야 한다는 것도 잊지 말기를 바란다.

헤어디자이너의 목표를 만드는 단계

"하늘로부터 내려오는 동아줄을
기대하거나 잡으려 하지 마라.
모두 다 썩은 동아줄이다.
그 줄을 잡고 올라가다가는 떨어져 죽게 된다.
단단한 동아줄을 스스로 만들어야 한다."

인간의 성장 과정에는 몇 가지 단계들이 있다. 예를 들어 어린아이는 뒤집고, 앉고, 기어 다니는 것을 배운 다음 비로소 걷고, 달리는 것을 배운다. 이들 각 단계는 모두 중요할 뿐만 아니라 단계마다 어느 정도 시간의 소요가 있어야 한다. 나아가 이 중에서 어느 한 단계도 그냥 건너뛰게 되면 반드시 그에 따른 문제가 뒤따르기 마련이다. 이와 같은 원칙은 인생에서 거의 모든 국면에 적용된다.

 우리는 주변에서 복권이나 로또를 사는 사람들을 흔히 보게 된다. 지름길을 찾는 사람들이다. 인생을 한 방에 역전하려는 사람들이다. 시간과 노력을 적게 들이고 몇 개의 중요한 단계를 건너뛰면서 원하는 성과를 얻으려는 것이다. 이렇게 복권에 당첨된 사람들을 집중적으로 취재한 방송프로그램을 본 적이 있다. 이들 대부분은 몇 년 후 복권이 당첨되기 전보다 훨씬 가난해 져 있었으며 오히려 대부분 폐인이 되어 있었다. 이들 대부분은 엄청난 돈을 감당할 수 있는 실력이 없었기 때문이다. 하늘은 스스로 돕는 자를 돕는다고 하지 않았던가! 지름길만을 찾으려는 사람들에게는 결국 실패와 좌절의 추억만이 남게 될 것이다.

 하늘로부터 내려오는 동아줄을 기대하거나 잡으려 하지 마라. 모두 다 썩은 동아줄이다. 그 줄을 잡고 올라가다가는 떨어져 죽게 된다. 단단한 동아줄을 스스로 만들어야 한다.

성공이라는 인생의 목적지에 도달하기 위한 지름길은 존재하지 않는다. 따라서 성공적인 인생설계란 지름길을 만들거나 찾는 것이 아니라, 필요한 각 단계를 효율적으로 구성하는 것이다. 인생의 모든 과정에서 크고 작은 성공을 이루어 내기 위해서는 반드시 실력이 있어야 하는데, 이러한 성공들은 그것을 이루어 내기 위해 각 단계를 진지하고 성실하게 그리고 묵묵히 수행하여 실력을 쌓은 사람들에게만 주어지는 선물인 것이다.

당연히, 이 책은 인생을 성공적으로 살기 원하는 여러분에게 지름길을 제시하지는 않는다. 다만, 헤어디자이너로서 인생을 성공적으로 사는 데 필요한 각 단계는 무엇이며 그러한 단계들을 효율적으로 밟아 올라갈 수 있게 하는 유용한 원칙들과 방법만을 제시할 것이다. 인생을 요령으로 살지 말고 진정한 실력으로 살아내겠다는 굳건한 마음가짐을 갖는 것이 우선으로 필요하다. 이것이 성공적인 인생을 설계하는 전제가 된다.

목표를 만들기 전에 우선 주위를 살피는 것이 필요하다. 목표를 만드는 데 필요한 기회는 뜻밖에 가까운 데에 있기 때문이다. 이는 어찌 보면 당연한 말이다. 나를 도와줄 사람도, 내가 가진 자원과 능력도 모두 나의 공동체(가정, 부모, 선배 등)에 있다. 목표는 이러한 기회들이 결합하여 만들어진다. 처음부터 너무 멀리 보지 말고 자신의 주변에서 자신이 할 수 있는 단기 목표를 통해 성과를 만들어 내고 한 단계씩 나아가다 보면, 더 큰 그리고 더 높은 꿈과 목표들을 만나게 될 것이다.

'목표'라고 쓰고 '실천'이라고 읽는다.

"허황되고 쓸데없는 욕망이나 목표라도
있다면 차라리 괜찮다.
아무런 목표가 없는 것보다는 훨씬 낫다.
그것이 현실적으로 실천될 수 있다면
자연스럽게 수정·보완되면서 더 유용하고
강력한 목표로 변화할 수도 있기 때문이다."

목표를 설정하기 위해서 노트를 한 권 준비하자. 그리고 상상력을 최대한 발휘하여 당신이 되고 싶은 것, 하고 싶은 것, 갖고 싶은 것들을 생각나는 대로 적어보고 그 목표들에 대해 왜 그것이 되고 싶은지, 왜 하고 싶은지, 왜 갖고 싶은지를 단 한 문장으로 답변할 수 있는 것만 남겨두고 나머지는 모두 지워보자. 단 한마디로 답변할 수 없는 것들은 이유가 분명치 않고 당신이 진정으로 바라는 것이 아니기 때문이다. 이러한 작업을 수차례 반복해 보면서, 정리된 목표를 주변에서 당신의 이야기를 진지하게 들어줄 사람과 이야기해 보자.

이 책에서는 직업적 목표만을 언급하고 있기에 그 대상은 선후배 헤어디자이너나 헤어살롱의 원장 또는 교육기관의 에듀케이터들이 될 것이다. 이를 통해 서서히 당신의 목표의 윤곽이 잡혀간다면, 이제 당신에게 적합한 목표, 단기/장기적 목표, 목표를 달성해 나갈 수 있는 당신의 자세 등이 구분되고 정리되어 질 것이다.

목표를 설정할 때 중요한 것은, 당신의 현재 능력과 여건과 환경에 구속되지 말아야 한다는 것이다. 너무 허황되거나 비상식적인 목표를 될 수 있으면 제외하고 최대한 합리적으로 사색해서 내가 이룰 수 있는 최대한의 성과를 목표로 삼아야 한다. 이는 아주 구체적일수록 더욱 좋다. 이때 숫자를 활용하는 것이 매우 유용한데, 예를 들면 날짜, 금액, 수량, 점수 등을 활용하여 목표를 더욱 구체화하는 것이다. 처음부터 너무 장기적인 목표를 세우지 말고 단기목표부터 설정하고 달성해 나가는 것이 중요하다. 작은 성취들이겠지만 당신에게 큰 자신감을 줄 것이다. 이러한 과정은 한 번에 끝내지 말고 지속해서 여러 번 반복하는 것이 중요하다. 그러면서 목표가 더욱 선명하고 구체화되기 때문이다. 이를 통해 삶의 목적에 기반을 둔 장기적인 목표, 사명과 가치에 기반을 둔 목표들로 점차 확대되어 나가기 시작하게 될 것이다.

목표실천카드 (예시)		
목표: 헤어디자이너		(작성일시: 2020년 1월 3일 10시)
구체적인 나의 이익		헤어디자이너의 삶
극복해야 할 장애물		나의 게으름, 중도 포기
요구되는 기술&지식		헤어디자이너 교육과 연습
단계별 세부목표	실천방법	달성시한
	1~6개월 / 샴푸, 펌, 와인딩, 주 2시간 교육, 4일 1시간씩 연습	2020.06.30
	6~12개월 / 컷, 스타일링, 컨티, 기초 교육, 연습	2020.12.31
	12~16개월 / 트렌드 테크닉, 프그 교육, 연습	2022.06.30
최종 달성시한		2023년까지

초기에는 목표설정을 여러 번 반복하면 생기는 일관성 결여 그리고 공상이나 망상으로 흐를 수 있는 오류에 빠질 수도 있다. 그러나 허황되고 쓸데없는 욕망이나 목표라도 아무런 목표가 없는 것보다는 훨씬 낫다. 그것이 현실적으로 실천될 수 있다면 자연스럽게 수정·보완되면서 더 유용하고 강력한 목표로 변화할 수도 있기 때문이다.

 이제 어느 정도 결정된 목표가 있다면 이를 반드시 노트에 기록해 놓는 것이 중요하다. 별도의 종이에 적어서 가지고 다니거나, 눈에 잘 띄는 곳이 붙여 놓는 것도 좋은 방법이다. 이는 그 목표들을 현상에서 구체적으로 실천에 옮기기 위함이다. 당신이 좋은 목표를 세웠다 하더라도 이를 기록하고 실천에 옮기지 않는다면, 당신은 아직 뿌려지지 않은 씨앗만 가진 셈이다. 결코, 성공의 열매를 얻을 수는 없을 것이다.

 단기, 중기, 장기 목표설정을 통해 인생의 궁극적인 목표설정까지 도달하였다면, 이는 자신의 최후 순간에 갖고 싶은 이미지, 모습 그리고 이를 그려낼 수 있는 패러다임을 갖게 되는 것이다. 그러면 인생의 각 부분을 구성하는 오늘의 행동, 내일의 행동, 내주의 행동, 그리고 내달의 행동 등을 우리가 가장 중요하게 생각하는 전체적 가치관에 따라 검토할 수 있게 된다. 따라서 우리의 행동이 우리가 가장 중요하다고 생각한 기준을 위반하지 않게 된다. 나아가 일상생활이 우리가 가진 전체적인 삶의 목적을 실현하는 데 의미 있게 기여할 수 있도록 조정되게 된다.

 목표설정은 우리가 가는 목적지를 정확히 이해하고 출발하게 한다. 우리의 현재 위치를 더 잘 파악하고, 또 항상 올바른 방향으로만 갈 수 있도록 어디로 가는가를 알게 한다. 자신에게 분명한 방향 감각을 제공해 줄 선명하고 구체적인 목표(단기 목표, 중간 목표, 이상적인 장기 비전)들이 필요하다. 이제 목표를 설정하였다면 실천해야 한다. 지금 해야 할 가장 중요한 일은 앞서 설명한 원리대로 자신의 단기목표들을 한 단계, 한 단계 높여가며 실천해 나가는 것이다. 성공은 실천이 키워드이다. 못해서 못하는 게 아니라, 안 해서 못한 것이다.

 이에 목표를 실천하는데 한 가지 유용한 방법인 목표실천카드를 제안하고자 한다. 목표설정 실천카드는 사람에 따라 차이가 있겠지만, 1년 이내에 달성할 목표로서 3~4개 정도가 적당하다. 수시로 꺼내 보고 목표에 대한 달성

정도를 스스로 점검하는 것이다. 아직 확고한 중장기 목표가 없다면, 단기목표설정을 통해 중장기 목표설정을 시도하는 것이 바람직하다. 중장기 목표가 보일 때까지 목표설정에 충분한 시간을 투자해야 한다. 그리고 자신이 만든 목표 위에 사회적 가치나 직업적 사명 그리고 삶의 목적 등을 대입해 보면서 점진적으로 목표를 확장해 보는 것도 중요하다. 이 책에서 다루고 있는 변화, 열정, 도전, 사명 등의 주제들을 단기, 중장기 목표와 결합해서 이를 시도해 보면 훨씬 더 유용할 것이다.

PASSION

"열정 없는 승리란 있을 수 없습니다.
승리하는 생활의 비결은 가슴을 열정으로
가득 채우는 데 있는 것입니다.
열정이야말로 온갖 장애와 싸우게 하고 그것을
극복하여 인생의 순간순간을 즐기게 합니다."

/ 알프레드 크랩스

제 2 부

열정

사랑받는 헤어디자이너

새롭고 더 나은 대안적인 삶은 무엇이며
이를 우리의 일상 삶에서
어떻게 현실로 실현해 나갈 수 있는지를
고민해 보아야 한다.

PASSION
PASSION
PASSION

준비과정에서 가장 중요하고 희소한 자원이 바로 시간이다.
시간을 별도로 빼내는 것이 준비의 핵심이다.
가능한 새벽에 시간을 내라.
저녁에는 다른 일로 방해받기 쉬워 지속해서 시간 내기가 어렵다.
변화는 에너지다.
에너지는 지속할 때 가시적 성과로 구체화 된다.

/ 작자 미상

제4장
중요하지만 급하지 않은 일의 시간을 늘려라

새롭고 더 나은
대안적인 삶은 무엇이며
이를 우리의 일상 삶에서
어떻게 현실로 실현해
나갈 수 있는지를
고민해 보아야 한다.

스티븐 코비의 제2 상한

"만약에 우리가 인생의 목표가 무엇인지를
분명하게 알지 못하고 있다면,
우리의 대부분 활동은 긴급한 일을
처리하는 데에만 주로 치중되어
실제 원하는 목표에는 도달하지
못하게 될 수도 있다."

* 스티븐 코비의 4가지 상한 매트릭스

'소중한 것부터 먼저 하라'의 저자 스티븐 코비는 우리의 어떤 활동을 결정하는 두 가지 요소를 '긴급성'과 '중요성'이라고 규정하고 이를 통해 4가지 상한의 매트릭스를 제시하였다. 기본적으로 우리가 시간을 쓰는 활동이나 일의 종류는 4가지 상한 중 하나에 속한다. 자신의 삶이 이들 4가지 상한 중 어디에 치중되어 있는가를 살펴보는 것이 중요하다.

제1 상한의 긴급하면서 중요한 일들은 항상 우리에게 압박감을 주고, 재빨리 행동하도록 우리를 재촉한다. 주로 일이나 업무와 관련된 것들이다.

제2 상한은 중요하지만 급하지는 않은 일들이다. 예컨대 중요한 관계의 사람들과의 인간관계 구축, 중장기 목표설정, 건강을 위한 운동, 자기계발을 위한 시간투자 등이 속한다. 문제는 중요하지만 긴급하지 않기 때문에 뒤로 미루고 평소에 행하지 않는다는 것이다.

제3 상한은 긴급하지만 중요하지 않은 일들로서 주로 갑자기 발생한다. 이런 일들이 많은 사람은 인생을 좀 피곤하게 사는 사람들이다. 마지막으로

제4 상한은 긴급하지도 중요하지도 않은 일임에도 불구하고 대부분 습관화되어 우리의 시간을 상당 부분 좀 먹고 있는 일들이다.

이제 멈추어 서서 자신을 되돌아보고, 무슨 일을 하든지 일을 시작하기 전에 하고 싶은 일과 할 수 있는 일, 그리고 마땅히 해야 하는 일을 구분하여 생각할 수 있어야 한다. 실제로는 하고 싶은 일이라고 해서 꼭 할 수 있는 일은 아니며, 마땅히 해야 하는 일이라고 해서 반드시 하고 싶은 일이 아닌 경우가 허다하다는 것을 알아야 한다. 또 자기가 하고 싶은 일만 하면서 살 수도 없을 것이다. 할 수 있는 일이나 하고 싶은 일에만 매달려 마땅히 해야 하는 일들을 못 하고 있는 것이 현실이다. 이것을 바꿀 수 있어야 한다.

스티븐 코비는 "소중한 것부터 먼저 하라."는 말로 각자의 삶의 주요 활동내용들이 확대되어 제2 상한의 일들로 채워질 것을 강조한다. 그러기 위해서는 자신의 일과를 분석하여 포기해야 할 일들을 자신의 활동목록에서 지워갈 수 있어야 한다. 그래야 필요한 시간을 확보할 수 있다. 이러한 일들은 최종적이고 장기적인 결과와 관계된다. 우리의 사명, 가치관, 최종 목표 그리고 건강이나 중요한 사람들과의 관계 등에 기여 하는 일들이다. 만약에 우리가 인생의 목표가 무엇인지를 분명하게 알지 못하고 있다면, 우리의 대부분 활동은 긴급한 일을 처리하는 데에만 주로 치중되어 실제 원하는 목표에는 도달하지 못하게 될 수도 있다. 자신의 삶에서 제2 상한을 확대해 가는 것은 나를 사랑하게 되는 중요한 출발점이자 유용한 방법이 될 것이다.

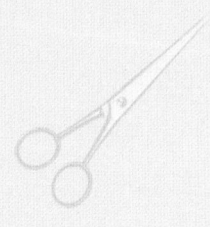

삶의 열정을 만드는 시간관리

"시간관리란 단순한 테크닉이 아니라
삶의 태도이자 방식이다.
내가 도달하고자 하는 목적지에 대한
정확한 지도를 만들어 주고 이를 통해
자기가 원하는 목적을 달성할 수 있도록
도와주는 매우 유용한 삶의 방식이다."

앞서 강조한 바와 같이, 이제는 자신의 삶의 구성요소를 구체적으로 살펴볼 차례이다. 하루하루를 무엇을 하며 살아가고 있는지를 점검해 보는 것이다. '시간관리'란 자신에게 벌어지는 모든 일을 분해하고, 분석하고, 순서를 정하고, 나아가 구체적인 적용 방법을 다루고, 또 시간의 제약을 받는 효과적인 자기관리를 위한 총체적인 활동이다. 일반적인 시간관리 방법은 해야 할 일들을 메모지에 기록하고 목록을 작성하여 이를 달력이나 다이어리에 기록하여 해야 할 일들을 잘 인지하고 수행할 수 있도록 하는 것이다. 개인에 따라 차이가 있겠지만 이러한 단순한 노력만으로도 상당 부분 시간을 효율적으로 사용할 수 있게 된다.

시간관리는 보통 두 가지 측면에서 접근할 수 있다. 첫째, 시간관리를 통해 주어진 시간을 더 많이 사용할 수 있다고 생각하는 것이다. '하루를 25시간으로 사는 방법' 등으로 표현되는데, 시간관리를 마치 '요술램프'처럼 생각하는 경우이다. 둘째는 시간관리란 인간을 시간의 노예로 만드는 그 무엇이라고 생각하는 경우이다. 좀 더 편안한 인생을 살고 싶어 하는 이들에게 시간관리란 매우 귀찮은 존재가 되곤 한다. 그러나 시간관리는 우리에게 주어진 시간을 늘려주는 요술램프도 아니고, 인간을 시간의 노예로 만드는 괴물도 아니다.

시간관리를 통해 얻고자 하는 목표를 보다 효과적으로 달성하기 위해서는 자신에게 벌어지는 모든 일을 단순한

'일'이 아닌 '문제'로 인식하는 것이 필요하다. 자기 일들에 대해 '문제의식'을 갖는 것은 매우 중요한 삶의 태도이다. 예를 들어, 헤어디자이너로서 기술연마를 위한 시간을 매일 정기적으로 정하고 시간을 잘 지켜서 수행해 왔다면 일로서는 나쁜 평가를 받지 않을 것이다.

그러나 이것을 '일'로 보지 않고 '문제'로 인식한다면 얘기는 달라진다. 어떤 헤어디자이너가 될 것인지에 대한 문제의식을 느끼면 이에 필요한 기술, 전문지식, 철학, 마인드, 체력 등에 이르기까지 목표에 다가가기 위해서 필연적으로 더 많은 시간이 필요하다는 것을 알게 된다.

시간관리의 핵심 목표는 매일 허비되는 시간을 우리에게 꼭 필요한 일에 집중시키고 매일매일 더 나아지는 자신의 모습에서 다시 동기부여 되어 목표를 향한 더 큰 열정을 품게 될 수 있는 삶의 태도를 가지는 것이다. 이렇듯 시간관리란 단순한 테크닉이 아니라 삶의 태도이자 방식이다.

내가 도달하고자 하는 목적지에 대한 정확한 지도를 만들어 주고 이를 통해 자기가 원하는 목적을 달성할 수 있도록 도와주는 매우 유용한 삶의 방식이다. 다시 말해서,

우리는 시간관리를 통해 단순히 우리에게 필요한 시간을 확보하는 것뿐만 아니라 우리의 목표의식을 명확히 하고 목표를 향한 우리의 삶의 열정을 불러일으켜 목표에 더욱 다가갈 수 있게 하는 삶의 태도를 만들어 가야 한다는 것이다.

우선순위와 포기순위

"상당한 노력을 하는 데에도 우리가
성공하지 못하는 이유는 시간과 힘을
엉뚱한 데에 쏟고 있기 때문이다.
그런데 더 큰 문제는 이 사실조차
모르고 있다는 것이다."

우선순위란 시간과 에너지가 많이 요구되는 여러 가지 다양한 활동 중에서 중요도에 따라 이를 선별하고 각 활동으로부터 얻게 될 이익을 서로 비교하여 먼저 할 일들에 대한 순위를 정하는 것이다. 우선순위는 단기, 중기, 장기적 목표를 자신의 비전과 일치시키고 여기에 자신의 시간과 에너지를 효과적으로 투입하기 위한 구체적이고 세밀한 수단을 제공한다.

우선순위에 따른 시간관리가 매우 유용한 방법임은 틀림없지만, 이 방법을 사용하기 위해서는 전제적으로 개인의 다양한 활동에 대한 목록표가 작성되어 있어야 하고, 여기에서 중요한 것들을 선별할 수 있는 변별력이 있어야 하며, 이를 통해 단기, 중기, 장기적 목표들을 설정하고 이를 자신의 비전에 일치시켜야 하는 다소 복잡하고 어려운 작업이 뒤따른다. 처음에는 많은 시간이 소요될 수도 있고, 더러는 계획을 위한 계획으로 끝나버리는 경우도 종종 있다. 그럼에도 불구하고 우선순위는 시간관리뿐만 아니라 일의 현장 그리고 인생설계 전반에서 모두 적용되는 매우 중요한 개념이다.

우선순위를 제대로 이해하기 위해서는 포기순위라는 개념도 알아야 한다. 앞서 언급한 스티븐 코비의 제2 상한의 일들이 우리에게 매우 중요하고 소중한 일이며 먼저 해야 할 일이라는 데에는 이견이 없을 것이다. 그러나 현실적으로 제1 상한의 일들을 무시하거나 내팽개칠 수만도 없다. 다시 말해서, 일을 줄이고 건강에 필요한 운동시간을 늘리면 간단한데, 문제는 그게 말처럼 쉬운 일은 아니다. 또한, 제3, 4 상한에 속한 일들도 사람의 삶 속에서 완전히 배제하기란 거의 불가능하다. 그래서 우리에게 필요한 충분한 시간을 확보하는 것은 항상 어려운 일이다. 우리는 제한된 시간 속에서 살아가고 있기 때문에 불필요한 요소들을 제거하거나 포기할 수 있어야 우선순위에 따른 해야 할 일들에 대한 충분한 시간을 확보할 수 있게 된다.

우리가 기계처럼 모든 시간을 자신의 삶의 목표와 일치되게 살아갈 수는 없을지라도, 목표 달성을 위해 필요한 시간을 확보하기 위해서 장애가 되는 불필요한 요소들을 과감하게 제거할 수 있어야 한다. 대부분 사람이 상당한 노력을 하는 데에도 성공하지 못하는 이유는 시간과 힘을 엉뚱한 데에 쏟고 있기 때문이다. 그런데 더 큰 문제는 이 사실조차 모르고 살아가고 있다는 것이다.

직업적으로나 개인적으로 무엇을 성취하고 싶은지에 대해서 스스로 모른다면 끝없는 일의 함정에 빠져 허우적댈 가능성이 높다. 일에 대한 목표달성의 기준이 무엇인지 명확하지 않으면 일을 끝내야 하는 시점을 모를 가능성이 높고, 마찬가지로 개인적인 관심사나 인간관계에서의 목표가 구체적이지 않으면 일에 항상 밀려서 소홀해질 수밖에 없게 된다. 우선순위를 만들어 자신의 삶에 적용해 가다 보면, 일과 관련된 목표와 개인적인 목표가 더욱 명확해지고, 이에 대한 현실적인 하위 세부목표들이 자신만의 우선순위에 의해 수행되면서 서로 조화와 균형을 이룰 수 있게 될 것이다.

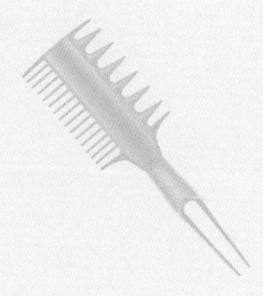

헤어디자이너, 자신만의 성공의 열쇠

"자기 자신의 진정한 내면을 볼 수 있어야
거기에서부터 자신만의 성공의
열쇠를 찾을 수 있다.
그렇게 훈련된 사람들만이 다른 사람들의
마음까지도 읽을 수 있게 될 것이며,
더 나아가 다른 사람의 마음을 다루고
가꾸어 줄 수 있는 사람이 될 수 있는
헤어디자이너로 성장할 수 있다"

대부분 사람은 다른 사람들과의 대화에는 많은 시간을 투자하면서, 정작 대부분 사람은 자기 자신과의 대화를 포기하거나 아예 시도조차 하지 않고 살아간다. 그러나 비범한 성공을 이룬 사람들은 모두 끊임없이 자기 자신과의 진지한 대화를 통해 자신들의 목표를 찾고 성취해 냈다는 것을 기억해야 한다.

 헤어디자이너는 항상 분주해 보이지만, 실은 늘 자기 자신과 싸워야 하는 고독한 직업이다. 그래서 헤어디자이너는 자신의 내면을 끊임없이 살피는 것을 연습하고 훈련해야 한다. 이를 위해서 자기 자신과 대화하는 법을 배워야 한다. 자기 자신의 진정한 내면을 볼 수 있어야 지정으로 자신이 원하는 것을 알게 되고, 자기 자신과의 대화를 통해 자신만의 성공의 열쇠를 찾을 수 있다. 이를 통해 자신의 잠재력을 퍼 올려, 새로운 열정을 불러일으킬 수 있는 사람만이 내면에서 출발한 흔들림 없는 자신에 대한 기대 그리고 삶에 대한 구체적인 구상들을 지속해서 완성해 갈 수 있다.
 당신은 자기 자신과 진심으로 대화하고 있는가?
 그 대화가 당신의 열정을 불러일으키고 있는가?

 이제 우리도 자기 자신과의 대화를 시작해 보자. 종종 거울에 비친 내 얼굴을 한동안 가만히 바라보아 주자. 이렇게 내 얼굴과 표정에 주의를 집중하다 보면, 어느덧 그 속에서 눈에는 보이지 않는 마음의 변화까지를 읽을 수 있게 될 날이 올 것이다. 스쳐 지나가듯 보지 말고, 큰 기대나 욕망 없이 가만히 지켜봐 주는 것이 어떤 칭찬이나 격려보다 더 낫다. 이렇게 자기 자신과 대화하는 것은 자기 자신을 바라보는 것에서 시작된다.

어떤 때는 실제로 자기 자신에게 말을 걸어 대화해 보는 것도 좋은 방법이다. 무엇을 진정으로 원하는지 물어보고 스스로 답해보라. 그리고 스스로 자신을 격려하고 칭찬해라. 또 어떤 때는 스스로 질책하고 독려해라. 그렇게 다른 사람에게 의존하지 말고, 자기 자신에게 의존하는 것을 연습해야 한다. 스스로 자신만의 성공 열쇠를 찾아가는 것이다.

자기 자신의 진정한 내면을 볼 수 있어야 거기에서부터 자신만의 성공 열쇠를 찾을 수 있다. 그렇게 훈련된 사람들만이 다른 사람들의 마음까지도 읽을 수 있게 될 것이며, 더 나아가 다른 사람의 마음을 다루고 가꾸어 줄 수 있는 사람이 될 수 있는 헤어디자이너로 성장할 수 있다.

PASSION
PASSION
PASSION

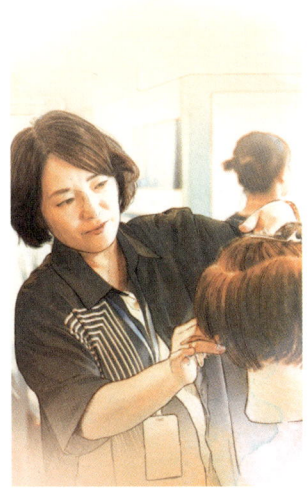

지혜 있는 자는 강하고 지식이 있는 자는
힘을 더하니
너는 전략으로 싸우라.
승리는 지략이 많음이라.

/잠언 24장

제5장
직업적 영감으로
사고하라.

헤어디자이너들은
디자인적 사고를 통해
우리가 제공하는 서비스의
핵심요소들을 재구성하고,
직관적인 사고와 분석적인 사고를
반복하여 필요한 영감을 불러내어,
실제 '패턴'이라고 하는
눈에보이는 결과물을 도출해 낸다.

오랫동안 쌓은 기술과
지식의 직업적 영감

.
.
.

"영국 런던 삿순 아카데미의 창시자
비달 삿순은 건축의 도형에 착안하여
컷의 기본과 다양한 패턴을 만들어 냈다."

 예전에는 헤어디자이너라는 직업인으로서 직무를 수행하면서 특별히 무언가 갑자기 떠오르는 기발한 생각을 직업적 영감이라고 생각했는데, 최근에는 조금 다른 생각이 든다. 직업적 영감이란 직업과 관련하여 꾸준히 축적된 경험이나 생각들이 어떤 계기를 통해 창의적인 산출물로 전환되어 나타난다는 것이다. 즉흥적인 아이디어는 단기적인 반응을 이끌 수는 있겠지만, 사람들의 마음에 오래 남는 감동을 주기는 어렵다. 특히, 직업적 영감은 꾸준한 준비와 축적된 경험, 오랫동안 쌓은 기술과 지식에서 발현될 때 그 가치를 인정받는 경우가 대부분이다.

영국 런던 삿순 아카데미의 창시자 비달 삿순은 건축의 도형에 착안하여 컷의 기본과 다양한 패턴을 만들어 냈다고 한다. 하지만 지금까지 그가 만들어 낸 컷의 기본과 패턴들은 즉흥적인 아이디어에서 나온 것만은 아니다. 헤어컷의 본질에 접근하여 거기에서부터 다시 출발하여야만 여러 사람에게 감동을 줄 수 있는 창의적인 영감과 그 결과물을 만들어 낼 수 있는 것이다. 그래서 최근에는 '직업적 영감'을 '폭넓은 기초 지식을 바탕으로 다양한 전문 분야의 지식, 기술, 경험이 융합되어 새로운 것을 창출하는 창의적 사고역량'이라고 정의하고 있다.

나는 10년 전부터 매년 주요 해외교육기관과 꾸준한 교류를 해왔다. 해외연수는 바쁜 스케줄의 연속이지만, 함께 참여한 헤어디자이너들과 깊은 이야기를 나눌 좋은 기회이다. 이들과의 대화에서 내가 강조해 온 것은 '헤어디자이너로서의 직업적 영감'이다. 이러한 영감은 특별한 계기를 통해 얻어진다. 대부분의 헤어디자이너들은 연수를 통해 새로운 마음으로 다른 세상을 경험하고 영감을 갖고 싶어 한다. 연수를 통해 받은 도전과 영감은 헤어디자이너로의 감각을 다시 살아나게 하고, 해외 문화를 접하게 된 경험은 고객과의 더 특별한 소통을 이끌어내는 새로운 계기를 제공한다. 이 과정에서 많은 헤어디자이너들이 그들의 목표, 생각의 변화, 새로운 영감을 얻고 기뻐하는 모습을 자주 목격해 왔다. 여전히 헤어디자이너로 현장에서 일하고 있는 나에게도 해외연수팀을 이끄는 일은 내가 헤어디자이너로 일을 지속할 수 있는 힘과 늘 새롭게 변화할 수 있는 계기가 되고 있다.

토마스 에디슨은 "천재는 99%의 노력과 1%의 영감으로 완성된다."고 했다. 에디슨은 천재라기보다는 상당한 노력파였음을 알 수 있다. 그러나 1%의 영감이 없었다면 그의 노력은 결실을 보지 못했을는지도 모른다. 실제 에디슨은 수많은 업적을 이루어 냈지만, 그 과정에서 몇 배, 몇십 배의 실패를 경험한 사람이기도 하다. 그래서 나는 그가 99%의 노력과 1%의 영감이 아니라, 99%의 노력으로 1%의 영감을 완성했다고 생각한다. 이것이 오늘날까지 에디슨을 '발명왕', '천재'로 누구에게나 인정받게 한 진정한 이유일 것이다. 이처럼 우리 헤어디자이너도 99%의 노력으로 1%의 영감을 완성하는 직업이라는 것이 나의 지론이다. 우리의 서비스나 기술은 직업적 영감으로 완성되고 평가받게 되는 것이다.

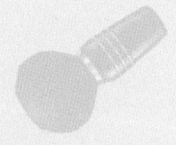

창의성의 역설과 기본의 중요성

"헤어디자이너라는 직업의 창의성은
기본을 갖추고 다양한 경험을 토대로 하는
영감으로부터 발현된 독특하고
차별화된 결과물들을 만들어 낸다."

창의적인 사고능력은 일시적인 노력으로 만들어지지 않는다. 오랜 시간 동안 익힌 기본 지식 위에서 시작되며 유창성, 융통성, 독창성, 정교성 등을 공통적인 특징으로 한다. 유창성은 기초 기본 지식을 얼마나 많이 기억하고 재생할 수 있느냐에 달려 있다. 좋은 아이디어는 지식의 양에 비례한다. 새로운 것을 만들고 싶다면 그 이전 다른 사람들이 해왔던 방식들을 먼저 아는 것이 중요하다. 융통성은 기억하고 재생한 정보를 유사한 성질과 특성, 상황에 맞게 새로운 형태의 지식을 만들어 내는 능력이다. 독창성은 기존의 지식과 시각을 바꿔 다른 새로운 지식을 만들어내는 능력이다. 그리고 정교성은 독창적인 생산물을 일반 사람들에게 이해하기 쉽고 편리하게 다듬어 내는 능력이다. 여기에서 단 한 가지라도 내가 집중적으로 파고들 영역을 정하고 이와 관련된 정보와 기본, 경험, 기술을 축적하여 새로운 영감을 얻도록 도전하는 것이다.

국내 패션산업과 미용 산업은 매년 주요 트렌드를 발표한다. 그런데 크게 눈에 띄거나 차별화된 패턴을 발견하기 힘들다. 반면, 내가 경험했던 영국 샷순아카데미의 트레이닝 과정에서는 동일한 패턴이 하나도 나오지 않는다. 헤어디자이너의 디자인적 사고는 다양한 경험을 통한 직업적 영감으로 흘러나온다. 때로는 건축에서, 자연에서, 또는 라이프스타일 등 아주 다양한 경험과 영역에서 새로운 영감을 얻어내고 또 창조한다. 심지어 다른 사람의 옛 버전을 재해석하는 과정에서도 다양한 삶 속에서 얻어지는 그들의 영감이 매번 다른 패턴을 만들어 낸 것 같다.

한편, 그들이 해마다 발표하는 트렌드를 보면 섹션과 형태는 다양하게 변화를 하지만 사람의 두상의 형태를 고려하는 원칙인 기본 테크닉은 변화하지 않고 고수하고 있다. 기본을 갖추고 다양한 경험을 토대로 영감을 실어서 트렌드를 만드는 것이다. 컬러 트렌드는 이보다 훨씬 더 복잡하고 다양하다.

이처럼 헤어디자이너는 아티스트라는 전문 직업의식을 가지고, 기본 테크닉에 충실하면서, 삶의 다양한 영역에서 디자인적인 영감을 가져오는 노력을 병행해야 한다. 1년에 한 번쯤은 작은 규모라도 작품 발표를 해보는 것도 좋은 훈련이 될 수 있을 것이다. 이렇듯, 헤어디자이너라는 직업의 창의성은 기본을 갖추고 다양한 경험을 토대로 하는 영감으로부터 발현된 독특하고 차별화된 결과물들을 만들어 낸다.

창의적 사고는 헤어디자이너뿐만 아니라 거의 모든 직업영역에서 개인의 핵심 경쟁력이라 할 수 있다. 창의적 사고란 기존의 발상을 전환한 혁신적인 사고를 말한다. 단, 그 이면에는 실용적이고 실천적인 내용이 포함되어 실제로 실현 가능해야 한다. 창의적인 사고능력은 기존 지식이나 논리를 동원하거나 기존 경험을 활용 입력된 정보나 지식을 새롭게 조합하고, 다른 사람들이 생각하지 못하는 실용적 지식까지 탐색하는 자세에서 더욱 업그레이드되는 특성이 있다.

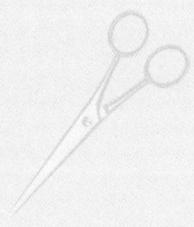

상황을 뛰어넘는 변화

"헬스클럽에서 트레이너들이 운동을 시킬 때,
체력적 한계에 다다라서
기진맥진 더 못할 상황에서도
꼭 몇 개를 더 시킨다.
그런데 이것이 그동안의 운동보다
더 중요하다고 한다.
이때 근육이 붙고, 다음에 다시 목표를
상향 조정할 수 있는
새로운 기준이 되기 때문이다."

자기 자신의 한계를 확장하는 첫 단계는 자신의 단기목표들부터 조끔씩 상향 조정해 보는 것이다. 자신이 달성하고자 하는 단기목표들을 한 단계씩 높여가는 작업은 중기, 장기 목표들을 더욱 크고 빠르게 달성하게 한다. 상향 조정의 폭을 너무 크게 하지 않아도 좋다. 자신의 한계보다 조금만 더 높으면 된다. 항상 더 넓고 더 높은 곳을 바라보아야 한다. 스스로 한계를 정하고 그 굴레 안에 안주해서는 안 된다.

 헬스클럽에서 트레이너들이 운동을 시킬 때, 체력적 한계에 다다라서 기진맥진 더 못할 상황에서도 꼭 몇 개를 더 시킨다. 그런데 이것이 그동안의 운동보다 더 중요하다고 한다. 이때 근육이 붙고, 다음에 다시 목표를 상향 조정할 수 있는 새로운 기준이 되기 때문이다. 자신의 한계가 확장되는 것이다. 우리는 끊임없이 새로운 기준과 목표를 세우는 작업을 하여야 한다. 자기 자신에 대한 기대치를 높이고 더 높은 목표를 세우는 것이다. 우리에게 주어진 작은 목표부터 조끔씩 상향 조정하여 실천해나가야 한다. 그리고 도저히 더 이상하기 힘들 때 조금 더 해야 한다. 그래야 근육이 붙고, 자신감이 생긴다. 그리고 이를 토대로 더 큰 목표, 중장기 목표에 도전해 나갈 수 있게 된다.

 자신의 한계를 확장하는 것은 창의적 사고와 밀접한 관련이 있다. 목표를 상향 조정해서 한계를 확장하는 것은 집중력을 높이는데 매우 유용하다. 집중력은 목표달성과 매우 높은 상관관계가 있다. 집중력을 높이지 않으면 성공에도 다가가기 힘들어진다. 오로지 노력으로 그 단계들을 뛰어넘어야 한다.

25년 전, 남편과 함께 런던으로 유학을 갈 결심을 했던 때가 문득 생각이 난다. 10년 차 헤어디자이너로서 평소 삿순에서 교육을 받고 싶었던 로망이 있었고 내가 배운 기술에 대한 자신감도 떨어져 있어 변화가 필요했던 시기였다. 사실, 안정적인 남편의 위치, 꽤 자리 잡은 헤어살롱을 정리하고 떠나는 건 쉬운 일이 아니었다. 어쩌면 나의 한계를 뛰어넘는 일이었다. 나의 결정에 따른 런던에서의 3년간의 유학은 이후 헤어디자이너로서의 목표와 방향을 완전히 변화시켜 놓았다, 당연히 이 선택은 나의 한계를 다시 넓히는 귀중한 기회가 되었다. 지금은 삿순식 테크닉이 국내에도 소개되어 알려졌지만, 그 당시에는 보편화 되어 있지 않았던 삿순식 테크닉으로 내 기술과 습관들을 바꾸는데 꽤 오랜 시간과 노력이 필요했다. 지금도 매년 런던 삿순에서 트레이닝 받는 것을 즐기며, 나는 아직도 변화를 꿈꾸고 도전하고 있다.

디자인적 사고

"디자인적 사고라는 것은 분석적 사고에
기반을 둔 정확한 현실인식과 직관적
사고에 근거한 창조적 역동성이
상호작용을 통해 균형과 조화를
이루는 것을 목표로 한다.
단순히 외형을 만드는 작업에 그치는 것이
아니라 해결해야 할 문제의 본질과
핵심에 파고들어서,
무엇이든 상상 속의 영감들을 눈에 보이는
것으로 그려내고, 손에 잡히는 것으로
구체화하는 것이다."

현재의 헤어스타일 패턴이 존재하기까지는 동서고금 많은 헤어아티스트들이 헌신하였지만, 그중에서도 작업과정을 체계적으로 논리화, 객관화시켜 헤어스타일 창작 프로세스 과학화의 기반을 마련한 한 사람을 꼽으라면 당연히 영국의 비달 사순_Vidal Sassoon이다. 비달 사순은 기하학적인 계산과 예측할 수 있는 정확성, 강한 듯하면서 부드러운 끝 선, 누구도 제시하지 못했던 과감한 기하학적 라인 등 지금까지 전 세계의 수많은 헤어아티스트들의 스타일 창조에 있어서 핵심적인 모티브를 제공하고 있다. 비달 사순이 이룩한 놀라운 기술적 업적만큼이나 그가 존경받는 또 다른 이유는 직업의식과 직업적 영감을 강조해서 헤어스타일링 분야에서 헤어디자이너, 헤어아티스트에 이르기까지 전문직업인으로서 사회적 지위를 확고히 자리매김 하도록 큰 공헌을 했기 때문이다.

최근 '디자인적 사고_design thinking'가 우리 사회에서 중요한 개념으로 주목받고 있으며, 세상을 바라보는 관점으로서 또 하나의 새로운 패러다임이 되고 있다. 디자인이라는 말은 본래 '지시하다, 표현하다, 성취하다'의 뜻을 지닌 라틴어 '데시그나레_designare'에서 유래한 용어로서, 특정한 목적을 달성하기 위해 구성 요소들의 재구성하는 일련의 활동을 지칭한다. 지금부터는 그동안의 디자인에 대한 개념을 버리고, 그 개념을 확장해서 광범위한 영역에 적용될 수 있는 디자인이라는 용어로 생각하기를 바란다!

헤어디자이너들에게는 중요한 특징이 있다. 문제를 줬을 때 분석적 사고와 직관적 사고를 반복하는 통합적 사고를 한다는 것이다. 어떤 문제에 대해서 광범위하고 다양한 대안을 찾는 창의적 사고와 선택된 대안을 현실에 맞게 다듬는 대안적 사고를 반복하여 해결점을 찾아간다. 이러한 통합적 사고를 하고 관찰→아이디어의 구체화→문제 해결의 반복적 실행 등과 같은 일정한 루틴 속에서 일을 수행한다.

따라서 디자인적 사고라는 것은 분석적 사고에 기반을 둔 정확한 현실인식과 직관적 사고에 근거한 창조적 역동성이 상호작용을 통해 균형과 조화를 이루는 것을 목표로 한다. 단순히 외형을 만드는 작업에 그치는 것이 아니라 해결해야 할 문제의 본질과 핵심에 접근해서, 무엇이든 상상 속의 영감들을 눈에 보이는 것으로 그려내고, 손에 잡히는 것으로 구체화하는 것이다. 우주선이나 로봇과 같은 개념을 최초로 만든 것은 과학자나 기술자가 아니고 디자이너였다!

디자인적 사고의 개념과 특징, 목표들을 살펴보면, 헤어디자이너로서 필요한 핵심 역량들이 모두 포함되어 있다는 것을 알 수 있다. 헤어디자이너들은 디자인적 사고를 통해 우리가 제공하는 서비스의 핵심요소들을 재구성하고, 직관적인 사고와 분석적인 사고를 반복하여 제공할 서비스에 필요한 영감을 불러내어 실제 패턴이라고 하는 눈에 보이고 손에 잡히는 결과물을 도출해 내야 한다.

hair designer

PASSION
PASSION

hair designer

제6장
실력 플러스 인성을 겸비하라.

헤어디자이너라는
전문직업인으로
성공하기 위해서는,
사람과 일을 진심으로 대하는
사람에게서 나오는
'태도의 중요함'을
항상 잊지 말아야 한다.

실력보다 더 중요한 플러스알파

"헤어디자이너에게는 실력 이외에도
실력 플러스알파(+a)가 반드시 필요하다.
이를 강조하는 것은 전문직업인으로의
성공과 조화롭고 균형을 갖춘
삶을 추구하기 위함이다."

프로스포츠의 세계에서 반짝스타들도 있지만, 오랫동안 자기의 기량을 유지하며 사랑받는 프로선수들은 모두 실력과 더불어 철저한 자기관리와 인간성, 도덕성 등을 실력 플러스알파(+a)로 갖춘 사람들이다. 반대로 어떤 거물급 정치인이나 경제인들의 경우에는 그들의 정치적, 경제적 업적에도 불구하고 이러한 부분이 부족해서 하루아침에 모든 것을 잃거나 그의 명성에 큰 흠집을 내는 경우를 종종 목격하게 된다. 골프 한번 잘못 쳤다가 중도에 하차한 국무총리도 있었고, 뇌물수수로 구속된 정치인, 세금포탈로 망신을 당한 대기업 총수 등 이들은 실력이나 성공 이면에 결정적인 결함을 가지고 있었던 것이다.

다수의 성공한 사람들을 살펴보면 공통으로 단순히 실력만으로 성공에 이르지는 않다는 것을 알 수 있다. 이들은 대부분 실력과 더불어 실력 플러스알파(+a)를 겸비하여 성공에 이르렀다. 기본적으로는 노력이나 실력이 갖추어져 있어야 하겠지만, 실력 플러스알파(+a)가 더 중요한, 더 결정적인 요소가 되는 경우가 실제로는 더 많다. 물건을 구매하거나 어떤 사람을 평가할 때도 마찬가지이다. 우리는 흔히 "뭔가 2%가 부족해~"라는 말을 종종 쓴다. 단순히 2%라는 비율을 뛰어넘어, 그 부족한 요소가 어떤 제품이나, 서비스, 사람에 대한 전체적인 평가에 결정적인 영향을 미치고 있는 것이다.

그렇다면 헤어디자이너에게 있어서 실력 플러스알파(+a)란 무엇일까? 우선 인간성이라든지 성실성, 진실성, 도덕성, 친화력 그리고 공동체 의식 등 다양한 요소들이 있겠다. 이런 것들이 부족하면 많은 노력과 실력이 있어도 결국 성공에는 이르지 못하게 될 확률이 높다. 오히려, 실력이 좀 부족해도 이런 것들이 잘 갖추어져 있으면 어느 정도 시간이 지나면 사람들에게 인정을 받게 되고 성공에 이르는 경우도 흔히 있다. 결국, 전문직 헤어디자이너로 성공하기 위한 과정에서 실력 플러스알파(+a)는 단순한 선택사항이 아닌 전문직업인으로서 갖추어야 할 절대적인 필수요소가 되는 셈이다.

나는 살롱대표들에게 '실력'과 '인성' 중에서 하나만 선택할 수 있다면 "어떤 사람을 선택해서 일할 것인가?"라는 질문을 종종 한다. 내가 알고 있는 살롱대표들은 하나같이 '인성'을 선택했다. 나 역시 마찬가지다. 특히, 뷰클래스아카데미 교육에서 기술교육과 더불어 내가 가장 강조하는 단어가 '자세와 태도'이기도 하다. 고객 입장에서는 머리만 잘하는 것 보다 나를 배려해주고 진정성 있는 태도와 자세를 보여준 헤어디자이너에게 더 감동한다. 특히 신입 디자이너 시절에는 부족한 기술의 한계를 극복하기까지 뛰어넘는 성실성, 진실성, 도덕성, 친화력, 공동체 의식 등 실력 플러스알파(+a)가 몸에 배도록 습관처럼 노력하는 것이 더욱 중요하다. 이것이 성공하는 헤어디자이너가 되는 지름길이 될 것이다. 이처럼 헤어디자이너에게는 실력 이외에도 실력 플러스알파(+a)가 반드시 필요하다. 내가 이를 강조하는 것은 전문 직업인으로의 성공과 조화롭고 균형을 갖춘 삶을 추구하기 위함이다.

태도의 중요함

"전문직업인으로 성공하기 위해서는
돈과 상관없이 자기 일을 사랑하고,
사람과 일을 진심으로 대하는 사람에게서
나오는 '태도의 중요함'을 잊지 말아야 한다.
작은 일들에까지 충실한 사람에게만
큰일을 할 기회가 주어진다."

한 청년이 대학을 졸업하고 미국 뉴욕박물관에 임시직 사원으로 취직했다. 이 청년은 매일 남들보다 한 시간씩 일찍 출근해 박물관의 바닥을 닦았다. 청년은 마루를 닦으며 항상 행복한 표정을 지었다. 어느 날 박물관장이 청년에게 물었다. "대학교육을 받은 사람이 바닥청소를 하는 것이 부끄럽지 않은가?" 청년은 웃으면서 대답했다. "이곳은 그냥 바닥이 아닙니다. 박물관의 마룻바닥입니다." 얼마 지나 청년은 성실성을 인정받아 정식직원으로 채용됐다. 그 후 그는 알래스카 등을 찾아다니며 고래와 포유동물에 대한 연구에 몰입했다. 그리고 몇 년 후에는 세계에서 가장 권위 있는 '고래 박사'로 불리게 되었으며 나중에는 뉴욕박물관 관장까지 맡았다고 한다. 세계적인 고래학자 앤드루스 박사의 일화이다.

성실성이란 모든 인간관계의 기초가 된다. 다양한 고객들, 함께 일하는 동료들과 상사 그리고 원장의 마음을 얻는 기본토대이다. 다만, 성실하다고 해서 모두 성공하거나 인정받게 되는 것은 아니다. 성실성이라는 기본 토대 위에 지속적인 자기계발을 통해 기술능력과 실력 플러스알파(+a)를 쌓아가야 한다. 이 책에서 언급하고 있는 성공적인 직업인이 되기 위한 다양한 개념들과 원리 역시 성실성에 기초를 두고 있다. 직업인에게는 수비의 범위를 넓혀두는 것이 중요하다. 이 말은 "직업인들이 무엇에서 무너지는가?"에 대한 물음의 답이다. 성실성에서 무너지면 아무런 대책이 없다.

도올 김용욱 선생의 '몰입의 법칙'에 보면 이런 글이 나온다. 어느 대기업에서 신입사원을 뽑기 위해 면접시험을 보고 있었다. 그런데 면접관이 나와서 한 수험자를 부르더니 면접 없이 합격하였다고 발표했다. 그러자 수험생들은 왜 그 사람에게 특혜를 주느냐며 항의하기 시작했다. 면접관이 그 사람의 손에 쥐어진 휴짓조각을 가리키며 말했다. "이 사람이 들고 있는 것은 여러분이 걸어온 복도에 떨어져 있던 휴짓조각입니다. 여러분들이 이곳으로 오는 동안 이것을 보지 못했다면 주의력이 부족한 것이고, 만약 보고도 줍지 않았다면 성실하지 못한 것입니다. 그깟 휴짓조각 하나에 무슨 의미를 부여하느냐고 할지 모른다. 그러나 여기에 바로 실력 플러스알파(+a)인 성실성의 차이가 존재하는 것이다. 성실함에 기초를 둔 태도의 중요성을 일깨워 주는 글이다.

헤어디자이너라는 전문직업인으로 성공하기 위해서는 돈과 상관없이 자기 일을 사랑하고, 사람과 일을 진심으로 대하는 사람에게서 나오는 '태도의 중요함'을 잊지 말아야 한다. 성실성은 지속적이어야 가치가 있다. 자기 자신에게 내면화되어 습관처럼 표출될 수 있어야 한다. 억지로 한다고 되는 것이 아니다. 매사에 작은 일들에까지 충실한 사람에게만 큰일을 할 기회가 주어진다.

진실한 소통과 공감

"지금은 소통이 중요한 시대이다.
소통이 인간관계의 모든 것이 되고 있다.
소통을 효과적으로 가장 잘하는 방법은
우리의 말과 행동에 진정함을 담는 것이다."

최근 우리 사회는 우리를 거짓에 대해 둔감하게 만들고 있다. 약간의 사소한 거짓에서 범죄가 될 만한 위험한 거짓에 이르기까지 아무렇지 않다는 듯 인식하고 서로 묵인하며 문제가 있어도 금방 잊어버린다. 그런데 정작 사람들은 자기 자신만은 정직하고 진실하다고 믿는 경향이 있다고 한다. 자기들의 행동이나 소통에 이미 충분히 진정성이 담겨있다고 착각하고 있는 것이다. 확인되지 않은 사실에 격분하고, 주관적인 나의 판단을 절대적으로 옳다고 생각하고, 나의 필요가 절실하기에 상대방이 나의 진정성을 믿어줄 것으로 생각한다. 이런 이유로 우리의 대인관계는 종종 큰 위기를 만나게 된다.

헤어디자이너는 고객 그리고 동료나 상사와의 소통을 통해 서비스를 수행해야 하는 직업이다. 기본적으로 효과적으로 소통을 잘하는 것이 필요하다. 우선, 소통을 잘하기 위해서는 우리의 말과 행동에 진정함을 담을 수 있어야 한다. 말과 행동을 일치시키는 것도 중요하다. 그래야 효과적인 소통을 할 수 있고, 그 열매를 얻을 수 있다. 아무리 능력이 뛰어나고 자기관리가 뛰어난 사람이라도 진정성이 없다면 결코 좋은 소통이나, 진정한 성공에는 도달하기 힘들다.

진정성이 담긴 소통은 상대방의 '공감'을 이끌어 낼 수 있다. 이것이 무엇보다 중요하다. 이를 위해서 소통과정에서는 주어와 목적어를 분명히 하는 것이 좋다. 그리고 될 수 있으면 일인칭 대명사인 '나'라는 단어를 더 많이 사용할수록 더욱 효과적이다. "사랑해"라는 우리말에는 주어와 목적어가 다 빠져 있다. 영어로 "I love You."에는 행위의 주체와 대상이 명확하다. 뭐~ 생략해도 의미전달에는 문제가 없겠지만, 어떤 경우에는 이를 명확하게 하는 것이 진정성을 전달하여 공감을 얻는데 더 효과적이다.

소통과 공감이라는 용어는 매우 '상대적'인 용어이다. 따라서 소통과 공감에는 철저히 상대방의 입장이 고려되어야 한다. 상대방을 무시하지 말고, 방어와 공격이라는 전투적 논리의 어리석음을 버리고, 상대방에게 자신이 원하는 것을 진실하게 요청하고, 서로 상대방을 비판할 때에는 말하는 자신도 스스로 고칠 준비가 되어 있는지 등을 상대방 입장에서 점검해 보아야 한다. 나의 주장이 정당하고 가치 있는 만큼 상대방의 주장도 정당하고 가치 있다고 생각해야 한다. 이게 그렇게 어려운 말 같지는 않은데, 현실에서는 그리 쉽지만은 않다.

자신에게 진실한 사람들만이 신뢰를 구축할 수 있다. 이러한 소통과 공감을 꾸준히 지속한다면 더 큰 신뢰가 쌓이게 된다. 작은 약속이 큰 약속으로 이어지고 작은 리스크에서 큰 리스크까지 함께 감당하게 되면서 서로의 신뢰는 점점 더 커지게 된다. 소통과 공감을 통해 구축한 신뢰는 실력 플러스알파(+a) 그 이상의 가치가 있다. 나는 그래서 진실성보다 더 중요한 소통의 조건은 없다고 생각한다.

공동체 의식

"우리는 우리의 일상을 구성하는
실질적인 내용이 무엇이고 내 삶에 어떻게
작동되고 있는지,
또한 그것이 우리의 욕망과 맞물려
어떠한 삶의 모습들을 만들어 내고 있는지,
그리고 한 걸음 더 나아가
새롭고 더 나은 대안적인 삶은 무엇이며
이를 우리의 일상 삶에서
어떻게 현실로 실현해 나갈 수 있는지를
고민해 보아야 한다."

지금 이 시대는 모두가 저마다의 불안 속에서 치열한 경쟁을 이겨내며 힘겹게 살아가는 각자도생의 삶을 강요하고 있다. 우리에게 필요한 것이 경쟁에서 살아남는 능력만이라면 우리의 인생은 참 재미없고 삭막한 인생이 되리라! 세상은 혼자서는 살아갈 수 없기에 정작 필요한 것은 서로 도와주고 부족한 부분을 함께 채워나가며 일을 할 수 능력인데 이를 강조하거나 가르치는 곳은 찾아보기 힘들다.

 나는 데이앤라이프라는 살롱을 운영한 지 17년이 되어간다. 나와 함께 일하는 디자이너들이나 인턴들에게는 우리가 함께 일하는 동안은 개인의 목표와 살롱의 목표는 같은 방향이어야 한다고 말한다. 작은 목표는 혼자 이룰 수 있지만, 지극히 큰 목표는 함께 이루어가야 한다고 생각하기 때문이다. 개인의 목표를 이루기 위해서는 공동체의 지원이 필요하다. 개인의 목표를 이루어내면 개인도 성장하지만, 회사도 목표를 이루고 회사도 함께 성장한다.

 이것은 내가 뷰클래스아카데미를 개인교육이 아닌 살롱 파트너십으로 운영하는 이유이기도 한다, 개인의 능력이 아무리 뛰어나도 내가 속해 있는 공동체에서 나의 목표와 비전을 인정해주는 문화가 있어야 하며 살롱대표의 리더십은 개인의 목표에도 많은 영향을 받기 때문이다.
 헤어디자이너와 살롱대표는 파트너십 관계여야 큰 목표를 이루어 낼 수 있다. 그것은 자신의 목표를 이루기 위해 주변의 어떤 도움이 필요한지 살피고 살롱은 내가 도움을 받을 수 있는 가장 가까운 곳이기도 하다.

 나는 직장은 서로의 삶을 함께 지켜주고 책임지는 더불어 세상을 살아가는 '일과 삶의 공동체'임을 강조해 왔다. 관계적 존재인 인간에게 공동체는 공기와도 같은 필수적 요소이다. 나의 목표를 내가 일하는 조직(살롱)의 목표와 일치시켜 나갈 수 있다면, 함께 일하는 사람들은 각자 다른 삶을 살지만 같은 꿈을 꿈꾸는 사람들이다. 같은 꿈을 꿈꾸는 사람들의 집합이 바로 공동체이다.

 그래서 우리에게 필요한 것은 '공동체 의식'이다. 직장이라는 공동체에서 나를 돋보이게 하는 것은, 개인적인 능력보다 우리의 공동체를 더 행복하고 더 풍요롭고 더 일할 만한 곳으로 함께 만들어가는 능력이다. 직장이라는 공동체에서는 이것이 진짜 실력이고 능력이다. 소설 삼총사에 나오는 그 유명한 문장 'all for one, one for all'은 공동체를 가장 잘 표현하고 있다. 공동체는 구성원 각각을 위해 존재하고, 구성원 각각은 모두 공동체를 위해 존재한다는 의미이다. 이러한 능력 또한 매우 중요한 실력 플러스알파(+a)가 된다.

이제 더불어 세상을 살아간다는 마음으로 행동하라! 공동체라는 말이 생소하게 들릴지 모르지만, 공동체 의식을 갖는다는 것은 그리 어려운 일이 아니다. 내가 할 수 있는 아주 간단한 일부터 공동체를 위해 행동으로 옮기는 것이다. 고객이나 다른 사람을 대할 때 시선을 직접 마주치도록 의식적인 노력을 하는 것, 인사를 할 때 건성으로 하지 않고 친근하면서도 진심으로 하는 것, 말을 할 때 관심을 집중시킬 수 있도록 약간 높은 톤으로 쾌활하고 분명하게 말하는 것 등이다.

똑같은 행동도 무엇을 목적으로 하느냐에 따라 그 결과 달라진다. 또 어떤 경우에는 구성원 간에 갈등상황에 놓일 때도 종종 있을 것이다. 개인적으로 시시비비를 가리고 잘잘못을 따지고 싶겠지만, 공동체 의식에서는 서로 용납하고, 서로 허물을 덮어주며, 서로 격려하며 위기를 공동체 의식을 더 탄탄하게 만드는 기회로 만들 수도 있다. 억울해하지 마라. 누군가 당신을 지켜보고 있고 또 인정하고 있다는 것을 꼭 기억하라.

지금까지 허어디자이너에게 필요한 실력 플러스알파(+a)로서 성실성에서 나오는 태도의 중요함, 진정 어린 소통과 공감, 공동체로서 더불어 세상을 살아가는 능력 등을 다루었다. 이것이 실력 그 이상으로 중요하다는 것을 다시 한 번 강조한다. 이 외에도 나만의 그 무언가를 실력 플러스알파(+a)로 개발하고 갖추는 것도 차별화된 경쟁력을 갖추는 중요한 요소가 되겠으며, 직장이라는 공동체에서 진정 사랑받는 헤어디자이너일 때 비로소 성공도 이루어지는 것이다.

CHALLENGE

"행복은 외부적인 것이 아니라 내부적인 것이다;
따라서 우리가 가진 것에 좌우되는 것이 아니라
우리가 누구냐에 의한 것이다."

/ 헨리 반 다이크

제 3 부

도전

인정받는 헤어디자이너

고객의 결핍을 볼 수 있게 되면
고객과의 관계에서 무엇이 중요한지,
핵심 고객이 누구인지,
어떻게 문제를 해결할지, 언제부터 시작할지
그리고 왜 서비스를 해야 하는지를 알게 된다.

CHALLENGE
CHALLENGE
CHALLENGE

자기의 일을 사랑하는 사람은 말과 행동도 아름다워진다.
사랑하라, 한 번도 상처받지 않은 것처럼
일하라, 돈이 필요하지 않은 것처럼

/ 작자 미상

제7장
나만의 경쟁력을 만들어라.

그동안 내가
고객들에게 제공했던
어떤 기술적 서비스보다도
서비스에 마음을 담아 건넸던
나의 진심이 그들의 마음에
조금이라도 더 다가갔기를
지금 이 순간도 기도한다.

경쟁력의 원천

"경쟁력은 훈련과 습관화로
얻게 되는 것이다.
우리가 경쟁력을 갖췄다고 해서
올바르게 행동하는 것이 아니라
우리가 올바르게 행동하기 때문에
경쟁력을 얻게 되는 것이다.
경쟁력은 반복을 지속할 때 만들어진다.
경쟁력은 일시적인 행동이 아닌
습관에서 나오는 것이다."

모든 전문직업인은 나만의 차별화된 경쟁력을 갖길 원할 것이다. 나만의 차별화된 경쟁력이란 뭔가 다른 사람과 구별되는 특별함이다. 이 말은 사람마다 경쟁력을 구성하는 핵심요소가 각기 다르다는 의미이다.

그런데 이렇게 차별화된 경쟁력을 가진 사람들에게 공통으로 나타나는 특징이 있다. 이들의 경쟁력은 일시적인 행위가 아닌 습관에서 나온다는 것이다.

경쟁력은 훈련과 습관화로 얻게 되는 것이다. 우리가 경쟁력을 갖췄다고 해서 올바르게 행동하는 것이 아니라 우리가 올바르게 행동하기 때문에 경쟁력을 얻게 되는 것이다. 경쟁력은 반복을 지속할 때 만들어진다. 그래서 경쟁력은 일시적인 행동이 아닌 습관에 기반을 두어 나타나게 된다. 예를 들어, 운전을 잘하는 사람은 수시로 변하는 도로상황에 자동으로 반사하여 무의식적인 반응이 습관처럼 나온다. 그렇지 않으면 돌발 상황에서 즉시 대처할 수 없을 것이다.

이렇듯, 경쟁력의 원천은 매일 매일의 실천이다. 그래서 진정한 경쟁력을 추구하는 과정은 절대 단기간에 끝나지 않는다. 경쟁력은 매일매일 자신이 수행하는 일의 가치들이 축적되어 만들어지기 때문이다. 여기서 말하는 일의 가치란 우리가 일상 업무에서 만들어지고 마주하게 되는 가치이다. 어떤 가치를 습관처럼 쌓아갈 것인가는 우리의 몫이다.

경쟁력을 추구하는 것은 '끝'이 없는 기나긴 과정이다. 지금 내가 직업적으로 어느 수준에 와있는지는 중요치 않다. 항상 뭔가 부족함을 느끼고 좀 더 개선의 여지가 있다는 것을 놓지 않는 자세가 중요하다. 여기에서 비로소 '경쟁력'이 만들어지기 시작하기 때문이다. 이렇듯 경쟁력이라는 개념은 정체되어있지 않고 항상 움직임 속에서 구체화 된다. 끊임없이 변화하는 패러다임이다. 따라서 변화하지 않는 사람에게는 경쟁력이라는 것이 만들어질 확률은 거의 없다.

헤어살롱 현장 다양한 상황 속에서 나만의 경쟁력을 만들기 위해서 어느 지점에서 나만의 가치를 더 효과적으로 만들어 낼 수 있는지를 집중해서 고민해 보아야 한다. 처음에는 어느 한 가지에 집중되는 것이 좋다. 만약 추구할만한 가치를 발견하였다면, 즉시 변화를 준비하고 매일같이 그 일에 매진하는 것이다.

그리고 자신이 수행한 일들에 대한 성과가 어느 정도 축적되기 시작하였다면 경쟁력을 만들 수 있는 지점들을 더 찾고 확대해 나아갈 수 있다. 그렇기 때문에 경쟁력을 갖추지 못하였다면 재능이 부족해서가 아니고,

매일 매일의 노력과 성실함이 부족해서이다. 변명은 있을 수 없다.

경쟁력은 기술 또는 서비스일 수도 있고, 고객과 소통이 될 수도 있고, 뛰어난 친화력도 경쟁력이 될 수 있다.

진정한 경쟁력

"우리가 무언가를 잘한다는 것을 알게 될 때,
우리는 더 행복해 질 수 있다.
진정한 경쟁력을 갖추면 일을 하면 할수록
더 좋은 결과가 나타나고
그것이 하나의 긍정적인 습관으로서
자리 잡게 되어
선순환하면서 지속해서 더 많은,
더 좋은 결과를 만들어내게 된다."

헤어디자이너에게 진정한 경쟁력이란 무엇일까? 기술, 서비스정신, 열정, 대인관계, 진정성… 어디에서 나만의 경쟁력을 만들어야 할까? 또 어떻게 경쟁력은 만들어지는 것일까? 어떤 일을 하든지 간에 경쟁력을 추구하는 것은 선택의 문제이다. 자신의 기술, 능력, 자원 그리고 정보는 항상 제한적이다. 중요한 것은, 이러한 자원들이 어디에 집중되고 있는지를 아는 것이다. 그래야 자신의 경쟁력이 어디에서 진정으로 발휘되어야 하는지를 알 수 있게 된다.

우리 사회에서 경쟁력이라는 말은 아주 자연스러운 용어가 되었다. 누구나 경쟁력을 갖추기 위해 노력한다. 헤어살롱에서도 경쟁력을 갖춘 헤어디자이너를 찾고 양성하기 위해 부단히 노력한다. 사실 개인의 경쟁력이라는 것은 어디까지나 개인의 의지와 노력, 열정과 태도 등에 따라 차이가 나겠지만, 함께 일하는 원장이나 동료와의 관계나 성숙된 조직문화, 안정적인 인사제도에 따라서도 큰 차이가 날 수 있다. 이러한 것들이 개인의 직업의식에 투영되어 경쟁력에 큰 영향을 주게 된다. 그래서 조직의 목표와 개인의 목표가 근접될수록 더욱 효과적이다.

또한, 경쟁력을 갖추는데 일을 합리적이고 계획적으로 수행하는 것도 매우 중요한 요소이다. 일간, 주간, 월간, 분기, 반기, 연간, 중장기 등 기간별 스케줄과 목표가 설정되어 있고 수행해야 할 일들이 합리적으로 배정되어 있어야 한다. 그리고 진행상황을 점검해서 부족한 부분을 수시로 채워나가는 것이다. 이렇게 스스로 자기를 개발한다는 자세가 필요하다.

나의 그동안의 경험을 비추어 보면, 헤어디자이너의 기술이나 서비스 수준은 살롱 현장에서 70%, 그리고 주변의 코치나 외부 교육에서 30% 정도가 결정된다고 생각한다. 그래서 나는 일과 교육이 병행되어야 함을 항상 강조해 왔다. 헤어디자이너는 고객에 대한 서비스의 최종책임자로서, 일에 대한 책임감이 중요시된다. 책임감을 가지고 수행해야 일을 더 정확하게, 더 빠르게 수행할 수 있고 일의 질도 높일 수 있는 것이다.

자기의 일에서 진정한 경쟁력을 갖는다는 것은 그 속에서 스스로 자기의 일에 대한 가치를 발견하는 가장 좋은 방법이다. 그래서 일을 수행하는 과정에서 자신의 내면을 풍요롭게 해준다. 우리가 무언가를 잘한다는 것을 알게 될 때, 우리는 더 행복해 질 수 있다.

진정한 경쟁력을 갖추면 일을 하면 할수록 더 좋은 결과가 나타나고 그것이 하나의 긍정적인 습관으로서 자리 잡게 되어 선순환하면서 지속해서 더 많은, 더 좋은 결과를 만들어내게 된다. 직업을 통해 발견하게 되는 행복의 비밀은 '진정한 경쟁력'에서 찾을 수 있다. 또한, 자기가 직업적으로 무언가를 잘할 수 있는지 안다는 것은 자기의 일 그 자체를 진정으로 즐길 수 있다는 의미이기도 하다.

경쟁력과 지속가능성

"지속적이라는 말을 항상 그대로 정체되어
있다는 말과 혼동해서는 곤란하다.
지속적으로 긍정적인 변화를
추구해야 한다는 것이다.
그리고 우리는 항상 긍정적인 변화
그 이상을 추구해야 한다.
매일같이 옷을 입고 길을 나서듯,
우리는 매일 '경쟁력'이라는
옷을 입고 길을 나서야 한다."

전문직업인이라면 누구나 다른 사람에게 인정받는 것을 주요 목표로 할 것이다. 하지만 항상 이를 위한 올바른 길을 선택하지는 않는다. 무엇을 통해서 인정받는 사람이 될 것인가? 삶이 자기 자신만의 경쟁력을 통해서 인정받는 것이야말로 진정한 최고의 방법이다. 그리고 가장 고귀한 방법이기도 하다. 그래서 전문직업인에게는 자신의 부족한 부분을 채우기 위해 관심과 노력을 쏟아 붓는 일이 가장 가치 있는 일이다. 이런 열정과 직업의식 속에서 지속해서 실행에 옮기는 것이 경쟁력에 더 가까워지는 유일한 방법이다.

 이렇듯, 경쟁력은 지속가능성과 밀접한 관련이 있다는 것을 알 수 있다. 우리는 스스로 우리에게 좋은 기회가 주어지지 않는다고 항변한다. 그러나 지속가능성을 경쟁력으로 추구하는 사람은 아무리 사소한 기회라도 적극적으로 활용하기 위해 노력한다. 이러한 자세라면, 우리에게는 뜻밖에 많은 기회가 있다는 것을 깨닫게 될 것이다. 자신에 대한 믿음과 용기를 가지고 지속적인 실행을 통해서 자신을 향상할 기회를 찾고, 기회를 식별할 수 있는 능력을 경쟁력으로 갖출 수 있게 되는 것이다.

 사람의 노력이나 실력으로는 도달할 수 없는 그 무언가를 보통 '운'이라고 한다. 그래서 어떤 사람들은 성공을 위해서 '운'이 뒤따라야 한다고 한다. 나도 이 말에 공감한다. 그러나 이러한 '운'도 자기의 것으로 가져오겠다는 적극적인 마인드가 필요하다. 앞에서 언급한 사례에서처럼, 에디슨은 '99%의 노력'이 뒷받침되었기에 '1%' 영감이 작동되어 1,093개의 발명특허 신기록을 세울 수 있었다. 이렇듯, '운'이라는 것은 확률과 밀접한 관련이 있다. 꾸준히 그리고 지속해서 시도하는 사람에게 성공의 기회가 더 찾아오기 마련이다. 결국, '운'이라는 것도 노력하는 사람의 몫인 것이다.

지속 가능한 사람에게만이 자신의 경쟁력을 향상할 수 있는 최선의 기회와 방법이 주어진다. 지속적인 실행을 통해 이러한 태도와 자세를 유지할 수 있어야 한다. 이러한 태도와 자세를 지속해서 유지하기는 쉽지 않다. 처음엔 기대했던 것과 다르므로 결과에 매우 실망스럽고 고통스러울 수도 있다. 그래서 경쟁력을 만드는 과정은 기나긴 인내의 과정이다.

지속적이라는 말을 항상 그대로 정체되어 있다는 말과 혼동해서는 곤란하다. 지속적으로 긍정적인 변화를 추구해야 한다는 것이다. 그리고 우리는 항상 긍정적인 변화 그 이상을 추구해야 한다. 우리는 매일같이 옷을 입고 길을 나서듯, 매일 매일 '경쟁력'이라는 옷을 입고 길을 나서야 한다. 이것이 전문직업인의 삶이다.

고객의 결핍을 볼 수 있는 능력

"고객의 '결핍'은 고객들이 스스로
미처 알지 못하고 있는 숨은 욕구(필요)이다.
고객의 결핍을 볼 수 있어야 제공해야 할
서비스의 본질에 더욱 근접할 수 있고
서비스과정을 효율화할 수 있으며
실질적인 고객 입장에서의
효용을 만들어 낼 수 있다."

헤어디자이너에게 고객들의 숨은 욕구_needs를 찾아내는 능력은 매우 중요한 경쟁력이다. 나는 이것을 고객들의 '결핍'이라고 한다. 고객의 '결핍'은 고객들이 스스로 미처 알지 못하고 있는 숨은 욕구(필요)이다. 헤어디자이너들은 이것을 찾아내어 볼 수 있어야 한다. 이를 위해 '필요'의 관점에서 '결핍'의 관점으로의 전환이 필요하다. '필요'와는 달리, '결핍'은 소비자(고객)중심의 관점이다. 고객의 '결핍'을 서비스의 본질로 인식하는 것이다. 고객들이 미처 생각하지 못하고 있는 숨은 욕구까지도 찾아줄 수 있다면 당연히 헤어디자이너 개인의 차별적인 경쟁력이 될 것이다.

 고객의 결핍을 볼 수 있어야 제공해야 할 서비스의 본질에 더욱 근접할 수 있고 서비스과정을 효율화할 수 있으며 고객 입장에서의 실질적인 효용을 만들어 낼 수 있다. 고객중심의 서비스를 고민하게 되면 그동안 피상적으로 생각하였던 고객과의 관계에서 무엇이 중요한 문제인지, 핵심대상자인 고객이 누구인지. 어디에서 문제에 접근할지, 어떻게 문제를 해결할지, 언제부터 시작할지 그리고 왜 서비스를 해야 하는지를 알게 된다. 헤어디자이너가 고객의 마음을 변화시키는 힘의 원천은 바로 여기에서 나온다. 헤어디자이너의 핵심적인 경쟁력들은 여기에서부터 만들어진다.

 '결핍'에 기반을 둔 관점은 비단 고객들과의 관계뿐만

아니라 우리가 만나야 할 다양한 대상에게 확대하여 적용할 수 있다. 결핍의 관점으로 사람을 대하면 개인, 가정, 직장에서 관계의 질이 달라진다. 높은 수준과 높은 밀도의 관계를 형성시키는데 더욱 효과적이다. 이러한 헤어디자이너 개인의 관계의 질이 그 개인의 수준을 결정하고 나아가 그가 속한 조직(헤어살롱)의 수준을 결정하게 된다. 이것이 경쟁력이 되어야 한다.

이렇듯 헤어디자이너가 경쟁력을 갖춘다는 것은 최종목표를 효과적이고 올바르게 설정할 수 있게 한다. 최종목적지를 명확하게 알게 하는 것이다. 그뿐만 아니라 좀 더 실질적으로 개인의 비전, 중장기 계획에 포함해야 주요 내용을 찾게 하고 목표달성과정에서의 필요한 요소들을 구체적으로 실천할 수 있게 한다. 직업영역 전반에 대한 우리의 시야를 넓혀 주는 것이다. 이것이 최종적인 개인의 성과에 상당한 영향을 미치게 될 것은 당연하다.

나는 디자이너교육 마지막 단계에 경청테스트를 한다. 디자이너가 고객의 말을 집중하여 경청하는 훈련이다. 집중해서 고객의 이야기를 듣고 문제 해결에 필요한 핵심질문을 할 수 있는 능력을 기르는 것은 고객의 결핍을 찾아내기 위한 매우 유용한 방법이다.

CHALLENGE
CHALLENGE
CHALLENGE

너는 내일 일을 자랑하지 말라 하루 동안에
무슨 일이 일어날는지 네가 알 수 없음이니라
타인이 너를 칭찬하게 하고 네 입으로는 하지 말며
외인이 너를 칭찬하게 하고 네 입술로는 하지 말지니라

/ 잠언 27장

제8장
직업을 통해
자신을 표현하라.

자기 일을
사랑할 수 있어야
비로소 직업을 통해
자신을 연출할 수 있게 된다.

전문직업인의 자기존중

"전문성을 단순히 자신이 수행하는 일이나
기술에만 국한해 생각해서는 안 된다.
전문성에는 전문기술은 기본이고,
이 외에도 전문직업인으로서 갖춰야 할
서비스정신, 자세, 열정, 직업의식 등이
모두 포함된다."

직업을 통해 자신을 표현할 수 있는 사람을 보통 전문직업인이라고 한다. 끊임없이 직업을 통해 자신을 연출하고 표현한다. 전문직업인이란 자기가 아닌, 다른 사람들이 나를 특별하게 인식하게 될 때 부여되는 호칭이다. 그래서 내가 다른 사람에게 특별하게 인식될 수 있는 그 무엇이 필요하다. 이것을 전문성이라고 한다. 전문직업인은 항상 전문성이 동반된 최선의 모습을 스스로 유지할 수 있어야 하기에 결국, 그 출발점은 본인 자신이라고 할 수 있다. 그래서 전문직업인들은 직업에 대한 자기 존중감이 매우 높다. 직업에 대해 자기 자신을 스스로 존중할 수 있을 때 수행하는 일에도 항상 최선의 모습을 유지할 수 있는 것이다.

이렇듯, 직업에 대한 자기존중은 전문직업인으로 나아가는 출발점이다. 그래서 자기를 존중한다는 의미를 정확하게 이해하는 것이 중요하다. 직업에 대한 자기존중이 강한 사람은 기본적으로 그 직업 자체를 지극히 사랑하는 사람이다. 또 자신의 직업에 대해 깊이 이해하고 있는 사람이다.

그다음, 자신이 수행한 일의 결과와 이에 대한 스스로 만족감에서 직업에 대한 자기 존중감은 만들어지는 것이다. 전문직업인에게 전문성이 강조되는 이유이다. 헤어디자이너가 전문직업인으로 인정받기 위해서는 전문성이 전제되어야 한다.

전문성은 내가 그동안 진행해 온 교육에서의 키워드이

다. 모든 것이 여기에 초점이 맞춰져 있다. 전문직업인에게는 전문기술과 관련해서 전문성이 강조되곤 한다. 그러나 전문성을 단순히 자신이 수행하는 일이나 기술에만 국한해서 생각해서는 안 된다. 전문성에는 전문기술은 기본이고, 이 외에도 전문직업인으로서의 갖춰야 할 서비스정신, 자세, 열정, 직업의식 등이 모두 포함된다. 이러한 것들이 강해질수록 직업에 대한 자기 존중감 역시 높아질 것이다.

사실, 기술은 교육을 통해 어느 정도 얻을 수 있지만, 전문직업인의 전문성은 단순히 교육만으로 얻을 수 있는 것은 아니라는 것을 짐작할 수 있을 것이다. 전문성에는 일정 시간 이상의 경험과 축적된 기술과 지식 그리고 직업적 소양이 요구된다. 우리가 서서히 전문성을 갖추어 가게 되면 일의 결과에 대한 만족감이 높아지고, 자기 존중감 역시 동반해서 상승하게 되며, 이것이 다시 일에 대한 결과를 좋은 방향으로 이끌어 일에 대한 만족도를 높이게 되어 전문성을 더욱 상승시키게 되는 선순환 구조를 만들 수 있다.

마지막으로 직업적으로 자기존중은 고객과의 관계에서 더욱 강해진다. 고객에게 "전문적이다.", "다시 서비스를 받고 싶다." 등의 긍정적인 반응을 받는 것은 즐거운 일이다. 일 자체가 즐거운 것도 있겠지만, 일에 충실하여 고객의 만족으로 끝낼 수 있도록 스스로 몰입하고 성실히 수행해 낼 때, 주변의 피드백과 인정이 그 즐거움을 더해 줄 것이다. 전문직업인으로 목표를 가지고 있다면, 일 자체와 일을 통해서 얻는 결과를 즐길 수 있어야 하고 이를 통해 자기 자신을 표현할 줄 알아야 한다.

'프로'는 형식을 익힌 후에 자기 방식을 취한다.

"프로가 주는 이미지 하나가
철저하다는 것인데
그 철저함은 숫자에서 기인하는
경우가 매우 많다.
프로들은 대화하거나 약속을 할 때
숫자를 많이 활용한다.
대충 대화하지 않는다.
또 절대 대충 일하지 않는다."

전문직업인은 전문적인 지식이나 고도의 기술을 가지고, 자신만의 독특한 영역을 개척해 나가는 사람들이다. 보통 약칭으로 '프로' 또는 '선수'라고도 한다. 당연히 하루아침에 만들어지지 않는다.

아마추어가 느끼는 흥미가 '새로움'이라면, 프로가 느끼는 흥미는 '이전과 다른 미묘한 차이'이다. 이런 세세한 차이를 발견할 수 있는 안목에서 전문가로서의 수준이 결정된다. 바둑에서 프로와 아마추어의 실력차이는 보통 1~2점 치수 정도라고 하는데, 언뜻 보기에는 큰 차이가 없는 것으로 느껴지질 수도 있지만, 그 약간의 차이가 프로와 아마추어를 구분한다. 사실 성공과 실패도 매우 근소한 차이에서 가려진다. 명품과 일반 상품의 차이도 그러하다. 우리가 흔히 쓰는 "뭔가 2%가 부족해"라는 말에도 이러한 의미가 내포되어 있다. 그러나 성공한 사람들이 그 마지막 '2%'의 차이를 만들기 위해서 얼마나 많은 노력을 기울였는지 우리는 알아야 한다.

프로들은 형식을 익힌 후에 자기 방식을 취한다. 골은 골키퍼가 예측하지 못하는 순간 주로 터진다. 그래서 프리스타일이 강한 것이다. 기본기라는 기초 위에 자기방식을 얹고 다양한 정보들을 보태서 이를 토대로 '일의 정석'을 만든다. 이것을 '매뉴얼'이라고 한다. 그래서 프로들은 끊임없는 정보의 수집가이다. 요즘은 인터넷이 발달하여 비교적 쉽게 정보들을 수집할 수 있다. 고정적으로 업무적 정보나 나의 관심사를 제공해주는 웹사이트들이 즐비하다.

그런데 프로는 여기에서 멈추지 않는다. 발로 뛰는 것이다. 현장정보에 강한 것이 프로인 것이다.

프로로서 자신을 표현하는 유용한 방법은 숫자를 활용하는 것이다. 프로는 숫자에 강하다. 프로가 주는 이미지 하나가 철저하다는 것인데 그 철저함은 숫자에서 기인하는 경우가 매우 많다. 프로들은 대화하거나 약속을 할 때 숫자를 많이 활용한다. 대충 대화하지 않는다. 또 절대 대충 일하지 않는다.

특히, 헤어디자이너에게는 철저하다는 이미지가 중요하다. 최근부터 내가 운영하는 데이앤라이프라에서 고객들을 대상으로 만족도 설문을 진행하고 있다. 고객들이 느끼는 만족도는 일반적으로 스타일링 결과에 집중될 것이라고 되지만, 설문조사 결과에는 고객 응대, 스타일링 설명, 샴푸 등 부가서비스, 다음번 스타일링 설명 등이 스타일링 결과와 비등하게 응답하고 있다. 기술적 서비스만으로는 온전한 고객 만족을 이끌어 내지 못한다는 것이다. 이는 고객 응대부터 배웅까지 서비스 전 과정에서 어느 것 하나 소홀히 해서는 안 된다는 매우 중요한 교훈을 주고 있다.

자신의 능력을 알아가는 과정

"자신의 능력을 알게 되면 자신의
특별한 재능이 무엇인지를 파악하게 되어,
직업과 자신의 재능과 일치시키고,
자신의 장점을 증진시키며,
자신의 적성에 맞는 분야를
효과적으로 찾을 수 있게 된다.
전문 직업인으로서의 여정을
성공적으로 완수할 수 있게 되는 것이다."

 자신의 능력을 표현하기 위해서는 우선, 자신의 능력을 아는 것이 전제된다. 자신의 능력을 알아가는 것은 주관적 자기인식과 객관적 평가 그리고 자기 확신이라는 일련의 과정이다. 이러한 과정이 순환되면서 직업인으로 자신을 표현할 수 있게 된다. 또 이것은 직업인으로 자신을 표현하면서 발생 될 수 있는 위험한 오류들을 방지하는 역할을 해 주기도 한다. 이러한 위험한 오류에는 자신에 대하여 과신 또는 맹신하여 오만해지거나 오히려 자신의 능력보다 낮게 평가하여 자기를 폄하하는 것 등이 있다.

 주관적 자기인식은 자신의 감정을 읽고 스스로 그 영향력과 한계를 깨닫는 것이다. 주로 본인의 본능적인 감각을 이용한다. 결국, 자신의 능력, 감정, 상태 등은 자기 자신이 제일 잘 알고 있는 것은 바로 자신인 것이다. 단, 이러한 과정에서 앞서 언급한 위험한 오류들이 발생할 수도 있기 때문에 주의를 기울여야 한다.

 객관적 평가는 주관적 자기인식의 오류를 최소화하는 데 목적이 있다. 이를 통해 자신의 장점과 한계를 구체적이고 명확하게 알게 될 수 있다. 객관적 평가를 위해 시험에 응시하거나, 교육에 참여하는 것 그리고 다른 사람들의 평가를 겸허하게 듣는 것 등이 좋은 방법이다. 자신의 능력을 객관적으로 안다는 것은 매우 중요한 의미를 가진다. 객관적 평가를 여러 번 수행하다 보면 자신의 능력이 정의되고 자신의 능력이나 경험의 목록을 만들 수 있게 된다. 그 목록에서 자기가 가장 자신 있는 항목을 차별화하거나 부각하게 시키고, 어떤 경우에는 그러한 능력과 경험의 효과적인 조합을 만들어 낼 수 있다면, 차별화된 경쟁력으로 나를 표현할 수 있는 준비가 된 것이다.

마지막으로 자기 확신이라는 것은 자신의 가치와 능력을 통해 직업적으로 나를 표현해 갈 수 있다는 자기 자신에 대한 확고한 신념이다. 이것은 주관적 자기인식과 객관적 자기평가를 통해 발견된 자신의 능력을 더욱 확대하는 지렛대와 같은 역할을 한다. 성공을 이룬 사람들은 사업이나 자기 일의 어느 영역에서 정상에 오른 사람들이다.

그러나 주목해야 할 것은. 정상에 서 있기에 성공한 사람이 아니고, 정상 오르기까지 몇 차례나 밑바닥으로 굴러떨어졌지만, 다시 정상에 오를 수 있는 있었기에 성공한 사람의 대열에 있는 것이다. 그들은 밑바닥에 떨어져 있을지라도 다시 자신을 정상에 오르게 할 자신의 능력만은 항상 자신의 곁에 있다는 사실을 항상 잊지 않고 있었다. 자신의 능력을 명확하게 알고 있었다는 것이다.

자신의 능력을 알게 되면 자신의 특별한 재능이 무엇인지를 파악하게 되어, 직업과 자신의 재능과 일치시키고, 자신의 장점을 증진시키며, 자신의 적성에 맞는 분야를 효과적으로 찾을 수 있게 된다. 그리고 자신이 자신 능력 중에서 가장 탁월한 영역을 활용할 수 있게 되어, 비로소 직업을 통해 자신의 능력을 표현할 수 있게 되는 것이다. 그리고 전문 직업인으로서의 여정을 성공적으로 완수할 수 있게 되는 것이다.

헤어디자이너와 헤어아티스트

"우리도 자신을 사랑하고 직업을 통해 자신을
표현하는 것을 진심으로 즐기고
사랑하게 되기를 바란다.
그러면 내가 누릴 수 있는 것을
포기하지 않아도, 하고 싶은 것과
좋아하는 것을 늘 할 수 있는 직업인으로
성장하게 될 것이다.
나는 헤어디자이너로서 진정한 성공은
여기에 있다고 생각한다."

요즘은 헤어디자이너들을 종종 헤어아티스트라고 부르기도 한다. 헤어디자이너라는 기술직종의 전문직업인을 아티스트라고 하는 것이 좀 부담스럽지만, 나는 이 호칭이

싫지만은 않다. 우리의 기술과 서비스를 예술의 경지로 승화시키는 효과도 있다. 그래서 뷰틀래스아카데미 수료식에서는 작품발표 프로그램을 꼭 진행한다. 아티스트들은 자신들의 어떤 행위를 통해 자기 자신을 표현하고 예술작품이라는 결과물을 만들어 낸다, 헤어아티스트는 몸으로 체득된 기술을 통해 스타일링이라는 결과물을 작품으로 만들어 내며, 서비스를 통해 자신을 표현한다. 이 과정에서 표현된 나는 고객의 마음으로 전달된다. 아티스트들의 예술 활동과 다른 것이 하나도 없다.

 살다 보면 하고 싶은 것과 좋아하는 것을 못하게 될 때도 많을 것이다. 또 좋아하는 것을 하다 보면 그만큼 내가 누릴 수 있는 걸을 포기해야 할 경우도 생긴다. 내가 어느 쪽에다가 가치를 두느냐에 따라서 삶의 목표와 방향도 바뀌게 될 것이다. 아티스트의 중요한 특징은 대부분 자기 자신과 자신의 일을 사랑하는 사람들이다. 그래야 자신의 일을 통해 자신을 표현하는 것조차 사랑할 수 있게 된다. 우리도 자신 스스로를 사랑하고 직업을 통해 자신을 표현하는 것을 진정으로 즐기고 사랑하게 되기를 바란다.
 그러면 내가 누릴 수 있는 걸을 포기하지 않아도, 하고 싶은 것과 좋아하는 것을 늘 할 수 있는 직업인으로 성장하게 될 것이다. 나는 헤어디자이너로서 진정한 성공은 여기에 있다고 생각한다.

 헤어디자이너건 헤어아티스트건 내가 강조하고자 하는 것은 서비스를 통해 자신을 표현할 수 있어야 한다는 것이다. 이제 막 시작했지만, 여기에 집중하고 이것을 서서히 훈련해야 한다. 우리의 길은 쉽지 않지만 분명하고 우리는 목표를 향해 계속 나아가야 한다. 매일매일 고객으로부터 평가를 받아야 하는 고달픈 현실 세계가 다가오겠지만, 직업을 통해 자신을 표현하는 당당함과 자신감을 잃지 말아야 한다. 그리고 지금은 좀 미흡하더라도 항상 다음에는 나아질 것이라고 스스로 다독이고 또 스스로 독려해야 한다.

 아티스트의 길을 걷는다는 마음으로 직업인으로서의 지존감 역시 항상 놓지 말아야 한다. 아티스트들은 항상 새로운 무언가를 창조하고 몸 안에 알 수 없는 그 무언가 꿈틀대는 열정이 항상 가득하다. 오늘 자신의 서비스를 자신이 만들어낸 예술작품이라고 생각하고 가만히 들여다보자. 그리고 스스로 칭찬해 보자. 헤어디자이너라는 직업을 통해 자신을 표현할 수 있다는 것에 감사하자.

CHALLENGE
CHALLENGE
CHALLENGE

"헤어디자이너는 20%의 기술과
80%의 고객 관계에서
성공과 실패가 결정된다.
최고의 서비스는 기술로만 완성되지
않는다는 것을 명심해야 한다."

제9장
'나'라는 자기 브랜드를 마케팅하라.

브랜드의 핵심은
정체성_identity이다.
'나'라는 자기 브랜드가
만들어지기 시작하면,
그 순간부터 자신이
다른 사람들과
구별되기 시작하고,
자신의 가치가
한층 더 업그레이드된다.

'나'라는 자기 브랜드

"스스로 남다르고(different),
기억될 만한(unique) 존재가 되어야 한다.
결국, 자기 자신이 스스로 브랜드가 되어
'특별한 가치'를 제공할 수 있는
존재가 되어야 한다."

 헤어살롱이라는 현장에서 전문직업인으로서 자신의 능력을 발휘하며 당신을 차별화시키고 싶다면, '나'라는 자기 브랜드가 반드시 필요하다. 전문직업인이란 '나'라는 자기 브랜드를 통해 '나'를 표현하고 '나'를 풍요로운 성공의 길로 스스로 인도해 가는 사람인 것이다.

따라서 '나'라는 자기 브랜드가 고객에게 표현될 수 있어야 하며, 이를 통해 고객이 나를 특별한 다른 사람으로 인식할 수 있어야 한다. 그러기 위해서 분명한 자기 브랜드를 만들어 나아가야 한다.

요즘 CI 또는 BI가 중요시되고 있다. 복잡한 개념들을 상징화하여 단순하게 나타낸 것이다. 핵심원리는 복잡한 문제들을 단순화한다. 나와 연관된 복잡한 환경이나 문제들을 단순화하고 문제에 집중하게 한다. 생산성이 높다.

브랜드란 어떤 조직체와의 거래, 또는 상품이나 서비스의 사용 경험에 따라서 소비자가 느끼는 그 회사 또는 상표에 대한 인식이나 감정을 말한다. 이에 반해 자기 브랜드는 자신과 관계를 맺으면서 겪게 되는 경험 전반에 대하여 타인이 갖게 되는 인식이나 감정을 의미한다고 할 수 있다. 즉, 타인들이 당신을 어떻게 생각하고 인식하는지에 영향을 주는 프로세스를 조정하고, 그 프로세스를 전략적으로 관리하여 당신이 원하는 목적을 이룰 수 있도록 하는 유·무형의 장치인 셈이다.

전문직업인들은 자신의 가치를 자신 스스로 만들어 낸다. 그러기 위해 '월급 받는 사람'이라는 마인드를 버리고 전문직업인이라는 직업의식으로 재무장해야 한다. 그리고 항상 자신을 채찍질해 적문직업인으로의 체질로 스스로 다듬어야 한다. 그래서 스스로 남다르고(different), 기억될 만한(unique) 존재가 되어야 한다. 결국 ,자기 자신이 스스로 브랜드가 되어 '특별한 가치'를 제공할 수 있는 존재가 되어야 하는 것이다. 이젠 다시는 자신을 누구에게 고용된 사람으로 여기지 말고, 대신에 독립된 CEO 마인드를 갖고 일에 임하는 전문직업인이 되어야 한다. 이것이 자기 브랜드를 통한 성공적인 직업인으로 가는 지름길이다.

'나'라는 자기 브랜드를 만드는 것은 자신의 여러 장점 중에서 가장 자신 있고 누구나 인정할 만한 핵심적인 장점을 부각하고 그것을 집중적으로 강화하는 것에서 시작된다. 즉, 자신이 가진 가치, 독특한 강점과 기술, 성품 등의 여러 가지 장점을 결합하여 이에 따른 핵심 이미지를 구축하는 것이다. 또 이것은 개인의 성과에도 직결된다. 나를 브랜딩하는 것은 외부로부터 시작되지 않고, 자신의 내면에서부터 시작된다. 여기에서 '브랜딩'이란 브랜드를 만들어 가는 일련의 과정이다.

자기 브랜드의 힘

"브랜드의 핵심은 정체성이다.
'나'라는 자기 브랜드가 만들어지기 시작하면,
그 순간부터 자신이 다른 사람들과
구별되기 시작하고, 자신의 가치가
한층 더 업그레이드된다."

자기 브랜드를 구축한 사람들은 가장 핵심적이고 중요한 특징을 가지고 있는데, 모든 계획을 실행 전략에 초점을 맞추어 수립한다는 것이다. 한마디로 목표 지향적이다. 반대로, 자기 브랜드 구축에 실패한 모든 사람은 그러한 계획을 수립조차 안 했거나 계획만 세우고 실행에 옮기지 못한 사람들이다.

우리는 헤어디자이너라는 전문직업인으로서 누군가에게 서비스라는 상품을 제공하고 그에 따른 경제적 대가(수입 또는 급여)를 얻는다. 지금까지는 우리의 노동을 브랜드 관점에서 살펴볼 생각조차 하지 않았다. 지금은 우리는 일을 잘하는 것도 중요하지만, 얼마만큼 스스로 매력적인 사람으로 만드느냐가 더 중요한 시대에 살고 있다. 이에 따라 개개인의 가치가 결정되기 때문이다. 스스로 브랜드화하려면 우선 자기 자신만의 고유한 개성을 찾아야 한다. 브랜드의 핵심은 정체성_identity이다. '나'라는 자기 브랜드가 만들어지기 시작하면, 그 순간부터 자신이 다른 사람들과 구별되기 시작하고, 자신의 가치가 한층 더 업그레이드된다.

강력한 브랜드는 언제나 목표지향적이고, 미래지향적이다. 이제는 벤치마킹의 시대가 지나가고 퓨처마킹_Future marking의 시대가 오고 있다고 한다. 현재 유영한 모든 것들이 미래에는 더는 유효하지 않을 것 많을 것이다. 그래서 기존의 방식들을 따르는 것이 아니라, 스스로 미래를 주도하고 변화시켜 나가야 한다. 이것은 개인의 브랜드를 만드는 일이나 차별화된 경쟁력을 만드는데 있어서도 동일하게 적용된다. 따라서 자기 브랜드에도 자신만의 패러다임을 통해 어떤 가치를 추구할 것인지 또 어떤 행동을 할 것인지가 포함되어야 하며, 이것이 미래지향적 가치와 결합할 때 더욱 강력한 자기 브랜드로 표현될 수 있다. 자신의 미래와 목표에 대한 가치가 포함되지 않은 자기 브랜드는 아무런 가치가 없다는 것이다.

브랜드의 특성이 목표 지향적이라는 것에 주목해야 한다. 볼록렌즈를 통과한 햇빛이 한곳에 집중되어 물체를 뜨겁게 태우듯, 자신의 모든 강점이 자기 브랜드라는 볼록렌즈를 통해 집중되어 강력한 힘을 발휘할 수 있다는 의미이다. 이러한 목표지행성은 일반적으로 일관성을 동반하게 되는데, 자신의 신념과 행동 사이의 일관성 그리고 타인들이 자신을 경험하거나 관찰한 행위들 사이에 일관성이 있을 때, 비로소 브랜드로서 '신뢰'를 받을 수 있게 된다. 당신이 목표 지향적이고 일관성을 보일 때마다 당신이 가지고 있는 자기 브랜드의 힘은 더욱 강화된다는 것이다.

최고의 서비스제공자

"헤어디자어너는 20%의 기술과
80%의 고객 관계에서
성공과 실패가 결정된다.
최고의 서비스는 기술로만 완성되지
않는다는 것을 명심해야 한다."

'나'라는 브랜드가 지향하는 것은 최고의 서비스제공자가 되는 것이다. 고객들이 만족하는 한결같은 서비스를 제공하는 것은 기존고객 유지의 기본이며 새로운 고객 유치의 길이다. 이를 위해서는 좋은 제품의 사용은 기본이며 서비스 정신을 더 높은 단계로 끌어올려야 한다. 그런데 헤어디자이너가 제공하는 최고의 서비스는 직업적 기술이 아닌 고객과의 관계에서 완성된다. 이것을 명심해야 한다.

나는 서비스 교육을 할 때 교육생 자신들의 최상 서비스와 최악 서비스에 대한 경험을 얘기해보라고 한다. 이를 통해 고객의 다양한 반응에 대한 대처방법을 스스로 설계하도록 한다. 상황에 따른 액션플랜을 만드는 것이다. 이것은 나를 고객의 관점에서 바라보고 고객관의 관계를 설정해 볼 수 있는 좋은 방법이다.

살롱현장에서 기술을 발휘하는 다양한 경력의 헤어디자이너들을 보면 오랜 경력이 반드시 고객의 만족도를 이끄는 것이 아니라는 것을 보게 된다. 경력 20년 차의 헤어디자이너보다 경력 1, 2년 차의 헤어디자이너의 고객 재방문율이 높은 경우가 꽤 있다. 이러한 경우는 오랜 경력이 기술의 숙련도는 높을 수 있으나 서비스의 만족도에서 고객과의 관계에서 실패하기 때문이며, 반대로 신입디자이너들은 기술의 완성도는 떨어지겠지만, 고객과의 관계 형성에서 탁월한 서비스 태도로 기술의 완성도보다 뛰어난 만족도를 주었기 때문이다. 이것은 헤어디자이너는 20%의 기술과 80%의 고객 관계에서 성공과 실패가 결정된다는 원리와 일치하는 결과를 만들어내고 있다. 최고의 서비스는 기술로만 완성되지 않는다는 것을 명심해야 한다.

전문직업인으로서 최고의 서비스제공자는 고객의 문제를 다양한 각도로 접근한다. 문제를 해결하기 위해서 과거의 경험이라는 편견을 버리고, 문제 해결을 위한 새로운 접근을 시도한다. 그리고 하나의 고정된 시각에서 탈피해 단순히 문제를 해결하는 데만 그치지 않고 새로운 대안들을 생각해 낸다. 문제 해결을 위해 끊임없이 아이디어와 이미지 그리고 생각들을 조합, 분해, 다시 재조합을 반복하며 새로운 것을 만들어낸다. 의식적 혹은 무의식적으로 이러한 과정을 즐긴다. 아이디어 내는 것 자체를 즐긴다. 그리고 이 과정에서 핵심원리를 찾아낸다. 이것이 그 사람의 브랜드의 정체성이 되는 것이다.

최고의 서비스를 지향하는 사람들은 실천을 통한 결과에 집중하기 때문에 항상 그 성과물들이 뒤따른다. 이들은 서비스 각 과정에서 핵심원리를 통해 연관성을 발견해서 전혀 관계가 없어 보이는 대상들을 하나의 관계로 묶어낸다. 대상들의 차이를 발견하고 이러한 차이에서 시너지를 만들어 내는 연관관계를 통해 문제를 해결해 내는 것이다. 바로 이러한 능력으로 다른 사람들은 볼 수 없는 무언가를 본다. 그리고 이것이 최고의 서비스로 연결되게 하는 것이다.

서비스 차별화

"'나'라는 브랜드에서 추구하는 가치는
서비스를 차별화하는 강력한 수단이
될 수 있다.
서비스의 차별화가 점점 더 어려워지고 있는
상황에서 헤어디자이너 개인이 주는
감성적 특성이 영향을 주기 때문이다."

우리가 어떤 상품을 구매할 때, 보다 많은 비용을 지급하고 구매하였다면 그것은 그 상품의 브랜드 가치에 비용을 더 지불한 것이다. 그렇다면 브랜드의 가치란 무엇일까? 우선 생각해 볼 수 있는 것이 그 상품을 만드는 기업이 추구하는 가치일 것이다. 우리는 거기에 동의하여 더 비싼 비용을 지불하는 것이다. 그것은 어떤 사치품이거나, 사회적 가치를 담은 상품이거나 마찬가지이다.

 자기 브랜드를 만들기 원한다면, 먼저 자신이 누구인지, 현재 어디에 서 있고, 미래는 어디로 갈 것인지를 먼저 분명하게 인식할 수 있어야 한다. 아울러 자신은 어떠한 사람이 되고자 하는지, 궁극적으로 지향하는 목표가 무엇인지 등에 대해 끊임없이 스스로 질문해 보아야 한다. 자신의 기술과 재능, 잠재력을 냉정히 평가해 보고 현실을 직시하여 그 바탕 위에 자신이 추구하는 가치를 담아 자신만의 브랜드를 만들어야 한다.

 이렇듯, '나'라는 브랜드를 마케팅하라는 말은 자신이 추구하는 가치를 마케팅하라는 말과 동일한 의미이다. 이렇게 만들어진 '나'라는 브랜드에서 추구하는 가치는 서비스를 차별화하는 강력한 수단이 될 수 있다. 서비스의 차별화가 점점 더 어려워지고 있는 상황에서 헤어디자이너 개인이 주는 감성적 특성이 영향을 주기 때문이다. 또 이렇게 서비스가 차별화될 수 있다면 가격 프리미엄을 얻을 기회가 될 수도 있다. 앞서 언급한 데로 고객들은 브랜드에 가치에 비용을 지불하기 때문에 고객에게 평균 이상의 가격을 요구할 수 있는 일종의 명분이 되는 셈이다. 그리고 무엇보다도 서비스에 대한 신뢰를 강화할 수 있다. 헤어디자이너 개인의 이름을 걸고 서비스가 제공될 것이기 때문이다. 헤어디자이너에 대한 호감이 가게 하고 브랜드에 대한 신뢰성을 증대시켜 궁극적으로는 서비스에 대한 긍정적인 인식을 강화한다.

'나'라는 브랜드를 통해 추구하는 가치가 자신의 서비스와 일치되는 것은 다양한 시너지를 만든다. 다만 추구하는 가치를 인정받으려면 철저한 자기관리가 뒤따라야 한다.

MISSION

인생의 목적은 대다수가 하는 것처럼 하는 것이 아니라
자신의 속에서 깨달은 내면의 법칙에 따라 사는 것이다.

양심과 진실에 어긋난 행동을 하지 말아야
스스로 찾은 사명을 완수할 수 있을 것이다.

/ 마르쿠스 아우렐리우스

제 4 부

사명

존경받는 헤어디자이너

만나는 모든 사람에게서 내가 경험하지 못한 그들의
경험, 생각, 감정을 공유하고, 새롭게 마주치는
모든 상황에 서 변화하는 나를 소중히 하자.
그렇게 공감하고 배우고 생각하고 감사하며
헤어디자이너에게 필요한 직업적 영감을
얻는 방법을 훈련하자.

MISSION

처음에는 우리가 습관을 만들지만,
그다음에는 습관이 우리를 만든다.

/ 존 드라이든

제10장
성공하는 마음과 몸의 습관

헤어디자이너는
다른 사람들의
마음을 얻는 일에
집중해야 하는 직업이다.
그래야 다른 사람들의
마음을 다루고 가꾸는
특별한 직업인으로
성장할 수 있다.

'성공'이라는 것은 습관의 결과

"현재의 나를 바꾸고 싶다면 그동안
나에게 지속해서 반복해 왔던 것들이
무엇인지 찾아내서
그것을 변화시킬 수 있어야 한다."

성공한 사람들에 관한 여러 가지 책들을 살펴보면 한 가지 중요한 공통점을 발견할 수 있다. 성공한 사람들은 뭔가 신화 같은 대단한 일들을 해 온 사람들이 결코 아니다. 그들은 오히려 아주 평범하고 사소해 보이는 일들을 나의 삶의 가치를 위해 지속해서 반복해 온 사람들이라는 것이 무엇보다도 중요하다고 강조되고 있다.

인류 역사상 가장 큰 성공을 이루어 냈다고 칭송받는 페이스북의 설립자 쥬크버크는 1년 365일 항상 회색 면티에 청바지만을 고집해서 입는다고 한다. 그만의 컨셉인가? 아니면 일에 집중하려고? 옷 고르는데 낭비하는 시간을 아끼려고? 추측만 난무할 뿐, 아직 그 이유는 아무도 정확히 모른다. 암튼 그의 옷장에는 똑같은 회색 면티와 청바지만 여러 벌 걸려있을 뿐이다. 그리고 그는 생활 패턴도 매우 단순하고 매일 똑같은 일들이 반복적으로 연속되도록 자신의 일과를 루틴하게 유지하고 있다. 과연 그는 어떤 일들을 반복하며 습관화하여 인류 역사상 가장 큰 성공을 이루어 냈을까? 물론, 아무 의미 없는 일들의 반복은 분명 아닐 것이다.

매일 아침 운동을 하는 사람에게는 건강이라는 보상이 주어지고, 매일 적은 시간이라도 영어를 공부해 온 사람에게는 외국 사람을 만나도 당황하지 않게 되는 여유가 선물로 주어진다. 그것이 무엇이든 현재 우리의 모습은 바로 방금 전까지 자신이 지속하며 반복해 온 것들의 결과물들 총합이다. 따라서 현재의 나를 바꾸고 싶다면 그동안 나에게 지속해서 반복해 왔던 것들이 무엇인지 찾아내서 그것을 변화시킬 수 있어야 한다. 헤어디자이너로서 비범한 성공을 이루고 싶다면 먼저 그동안 기술의 숙련과정, 고객과 관계를 형성해 가는 과정, 동료들과 함께 일하는 과정, 여가 시간 등에서 지속해 왔던 마음가짐과 행동들을 진단해 보고, 지속적으로 반복되어 왔던 것들을 발견해서 과감하게 제거하거나, 한층 업그레이드하여 또다시 습관이 되도록 지속해야 한다. 또 이러한 일련의 과정 역시 습관처럼 반복될 수 있어야 한다. 이것을 가능하게 하는 것이 마음의 습관이다.

자신의 마음가짐이 흩뜨려지지 않도록 기록으로 남겨 놓고, 글로 써서 항상 보고 읽을 수 있는 곳에 붙여놓고 매일 소리 내어 읽어 보는 것도 좋은 방법이다. 몸의 습관은 마음의 습관에서 만들어지고, 마음의 습관은 몸의 습관이 통제한다. 마음이 가는 곳에 몸이 따라가고, 몸이 편안해야 마음의 편안을 찾을 수 있다는 말이다. 지금은 각자의 성공을 향해가는 여정에 꼭 필요한 습관들을 몸과 마음에 하나둘 새길 수 있도록 집중해야 할 시간이다. 이러한 좋은 습관들이 하나둘 쌓여서 성공하는 마음의 습관이 될 것이고, 이것이 여러분들을 궁극적으로 성공적인 헤어디자이너로 인도할 것이다.

이 책은 이 책을 읽는 여러분들에게 성공하는 마음의 습관으로 되기를 바라는 주요 주제들을 다루고 있다. 모든 내용을 자기의 것으로 할 수 있다면 좋겠지만, 꼭 필요한 부분을 선택해서 마음에 새기어 보기를 바란다, 선택은 여러분들의 몫이다.

성공한 사람이
성공할 수밖에 없는 이유

"생각의 씨앗을 뿌리면 행동의
열매를 얻게 되고,
행동의 씨앗을 뿌리면
습관의 열매를 얻는다.
습관의 씨앗은 성품으로 자라나서
우리의 운명을 결정짓는다."

 이 책은 성공적인 헤어디자이너에게 필요한 변화, 열정, 도전 그리고 사명이라는 주제에 따른 제반 주요 요소들을 다루고 있다. 이 주제들과 요소들은 매우 밀접한 고리로 연결되어 순환되며 각자의 목표달성에 지속해서 중요한 영향을 미치게 된다. 또한, 이 주요 요소들과 각 개인의 특성들을 결합하여 내면화할 수 있다면, 좀 더 수월하게 여러분들이 원하는 목표에 다가갈 수도 있다. 이 과정에서 진정한 변화를 원하는 사람에게는 열정이라는 선물이 주어진다. 열정이 있는 사람들은 분명한 목표와 도전의식을 가질 수 있다. 이러한 사명은 나를 올곧게 바로 세우는 주춧돌이다. 그리고 이 사명을 가지고 또 다른 변화를 다시 시작하는 것이다,

사람들은 인생의 목표로서 보통 '성공', '건강', '행복' 같은 것들을 원한다. 이런 것들은 인생의 중요한 목표임이 틀림없다. 그런데 자신의 삶이 인생의 중요한 목표에 얼마나 집중되어 있는지는 따져보아야 한다. 사실, 대부분 사람은 이들 원하는 목표들에 대해 생각만 간절할 뿐, 정작 이를 위해 자신의 시간, 열정, 돈 등을 투자하는 데에는 인색하고, 오히려 이를 방해하고 악영향을 끼치는 일들에 매일매일 많은 시간을 습관처럼 허비하며 살아가고 있다. 이것이 진짜 문제이다. 매일매일 습관처럼 허비되는 막대한 시간을 당신의 남은 인생의 길이만큼 곱하여 계산하여 보라. 끔찍하지 않은가? 이런 것들

을 제거하지 않고는 비범한 성공을 이룬 사람들의 대열에 낄 수는 없다. 악성종양과 같이 자신에게 고착화하여 당신의 목표를 가로막는 '인생바이러스'가 무엇인지 스스로 되돌아보고 이를 제거 할 수 있어야 비로소 그 자리에 성공하는 마음의 습관을 채울 수 있다.

이렇듯, 성공한 사람들에게 공통으로 나타나는 핵심 특징은 성공하는 마음의 습관을 갖기 위해 이를 가로막는 자신이 가진 다양한 나쁜 습관들을 제거하는 일을 동시에 병행했다는 것이다. 특히, 성공적인 헤어디자이너를 향해 출발하는 초기에는 이것이 더욱 중요하다. 무엇이 문제인지 스스로 진단하고, 이것 때문에 허비하는 시간을 스스로 찾아낼 수 있어야 한다. 그리고 지금 바로 그 시간을 자신이 진정으로 원하는 것에 투여하겠다고 마음을 다짐해야 한다.

성공한 사람들에게는 성공할 수밖에 없는 이유가 있다. 이들에게는 모두 공통적인 특징으로서 '성공하는 마음의 습관'을 가지고 있다는 것에 주목해야 한다. 행동의 습관보다 마음의 습관이 더 중요하다. 생각의 씨앗을 뿌리면 행동의 열매를 얻게 되고, 행동의 씨앗을 뿌리면 습관의 열매를 얻는다. 습관의 씨앗은 성품으로 자라나서 결국 우리의 운명을 결정짓는다. 습관은 처음엔 나약한 거미줄 같지만, 나중엔 강력한 밧줄이 된다고 한다. 그래서 이미 매인 밧줄을 풀어내고 새로운 밧줄을 다시 매는 것은 결코 쉬운 일이 아니다. 행동의 습관보다 마음의 습관을 고치는 것이 훨씬 더 힘든 일이다. 그래서 지금 이 시기가 매우 중요하다. 지금 누구를 만나느냐, 어떤 생각을 하느냐, 어떤 마음을 먹느냐가 우리의 운명을 결정하게 된다.

자신만의 삶의 규칙

.
.
.

"더 성공적인 삶을 원한다면 자신의
태도와 스스로 정한 삶의 규칙을 통해
나와 연관된 모든 상황 속에서
조화와 균형을 맞출 수 있어야 한다는 것을
잊지 말아야 한다."

성공적인 인생을 살기 위해 내면화 또는 습관화되어야 할 다양한 요소들을 살펴보았다. 이제 그러한 요소들에서 삶의 중요한 원리가 되는 것들을 자신만의 삶의 규칙으로 정해보는 것도 매우 유익하다. 진정한 삶의 규칙을 만드는 핵심 원리는 조화와 균형에 있다. 자신 입장에서는 일과 삶의 조화와 균형이 필요할 것이며, 다른 사람들과도 상호 존중과 공존을 위해 조화와 균형을 이룰 수 있어야 한다. 더 성공적인 삶을 원한다면 자신의 태도와 스스로 정한 삶의 규칙을 통해 나와 연관된 모든 상황 속에서 조화와 균형을 맞출 수 있어야 한다는 것을 잊지 말아야 한다. 그리고 이것 역시 우리의 삶의 중요한 습관으로 내면화되어야 한다.

자신만의 삶의 규칙을 정하는 것은 중요한 일이지만, 너무 대단한 규칙을 만드는 것이라고는 생각하지 말기 바란다. 삶의 규칙은 단순하고 기억하기 쉬운 간단한 것들이 더 좋은 경우가 많다. 자신만의 삶의 규칙을 정한다고 해서 혼자서 할 일도 아니다. 주위의 조언을 들어도 좋고, 인터넷 검색이나 좋은 책의 글귀를 인용해서 적용해 보는 것도 좋다.

우리의 삶은 선택의 연속이다. 아침에 눈을 뜨는 시점부터 매 순간순간 여러 가지 선택들이 나를 기다리고 있다. 그 중 중요한 선택을 할 때, 자신만의 삶의 규칙이 있다면 잘못된 선택으로 인한 악영향에서 상당히 벗어날 수도 있다. '인생이 달라지는 선택의 법칙'이란 부제가 달려있는 '10-10-10'이라는 책이 있다. 무엇인가를 선택하고 결정해야 할 때, 10분 후…, 10개월 후…, 10년 후… 즉 즉각적인 결과와 가까운 미래의 결과, 그리고 먼 미래의 결과를 차근차근 고려해서 결정하라는 것이다. 아주 간단하고 쉬운 규칙이지만, 어떤 결정이 내가 원하는 삶을 만들어가는 데 도움이 되는가?'를 생각해봄으로써 가장 이상적인 선택을 할 수 있다는 장점이 있는 것이다.

자신만의 삶의 규칙은 우리의 식사메뉴를 정할 때에도 고르는 것에도 적용할 수 있다. 월요일은 버섯, 화요일은 돼지고기, 수요일은 생선, 목요일은 닭고기, 금요일은 소고기 등으로 그 날짜의 요일에 해당하는 한자어에서 연상되는 메뉴를 고르는 것이다. 아주 단순해 보이지만, 이것만으로 편식으로 인한 건강 악화에서 벗어나, 상당히 균형 잡힌 자신만의 식단을 꾸릴 수 있을 것이다. 또 아침에 일어나면 무조건 30분은 운동을 한다든지, 4층 이하는 엘리베이터에 타지 않는다든지 아주 단순하지만, 건강에는 매우 유익할 것이다.

이러한 자신만의 삶의 규칙은 자신이 원하는 목표를 달성하는 데 도움이 되도록 적용되면 훨씬 유용하다. 목표 달성에 필요한 자신의 열정이나 노력 그리고 자원들이 조화와 균형을 이루게 도와준다.

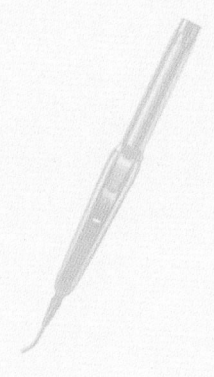

주위의 성공을 자신과 연관 지어보기

"자신의 삶에 변화를 만들고 싶다면,
또 어떤 사건 또는 사람으로부터 특별한 영감을
얻고자 한다면,
그래서 결국 헤어디자이너로
성공하고자 한다면
꾸준히 매일 지속해서 당신의 목표와 관련하여
먼저 성공을 이룬 사람들을 연관하여
생각하는 것을 매일 연습해야 한다."

주위에 있는 다른 사람의 성공을 볼 수 있도록 자신의 시야를 넓힐 필요가 있다. 우리 주변 어디에나 성공은 있다. 우리의 목표와 관련하여 크든 작든 먼저 성공을 이룬 사람들을 찾아보고 그들의 성공과 성취에서 나에게 필요한 교훈을 찾는 것이다. 당신이 알고 있는 사람의 범위의 사람들에게서 성공을 찾아보면서 아직 모르는 사람들에게까지도 범위를 서서히 넓혀보라. 그리고 그러한 성공이 나에게도 찾아올 것을 확신하고 그들의 성공을 나의 성공으로 상상해 보아야 한다.

 먼저 성공을 이룬 사람들은 아마 당신이 생각하는 것 이상 성과를 내었거나, 명예를 얻었을 것이고, 큰돈을 벌었을 수도 있다. 그러나 시기할 필요는 없다. 특히 주위에 있는 다른 사람들이 성공했다는 것은 당신도 성공할 수 있다는 증거이므로 그것을 인정하고 그것에 대해 좋은 감정을 갖는 것이 중요하다. 당신이 좋은 감정을 갖을수록, 그리고 더욱 긍정적인 마인드를 갖을수록 그들보다 더 큰 성공을 이룰 수 있다는 것을 확신하라. 다른 사람의 성공을 인정할 수 있고, 나의 작은 성공에 감사할 줄 알아야 성공에 대한 즐거움과 행복을 느끼게 될 것이고 더 큰 성공에 도달할 수 있다.

 헤어디자이너에게 다른 사람들의 크고 작은 성공을 주의 깊게 살펴보는 것은 자신이 성취해야 할 목표를 이루는 데 꼭 필요한 요소이다. 헤어디자이너의 서비스는 다양한 경험을 통해 얻은 영감들과 여러 가지 기술들의 결합체이기 때문이다. 다른 사람들의 성공을 진심으로 인정하고 그 핵심요소를 진정한 나의 것으로 만들 수 있어야 한다. 헤어디자이너라는 직업은 이것을 반복하고 지속하는 것을 본질적인 특성으로 한다. 결국, 이것 또한 헤어디자이너로서 성공하기 위한 중요한 마음의 습관이 될 것이다.

 이렇듯, 다른 사람들의 성공을 찾아 바라보고 이를 인정하는 것은 그들의 성공 요인을 나에게 학습시키는 효과가 있다. 또한, 이를 통해 나를 더욱 성장시킬 수 있게 된다. 자신의 삶에 변화를 만들고 싶다면, 또 어떤 사건 또는 사람으로부터 특별한 영감을 얻고자 한다면, 그래서 결국 헤어디자이너로 성공하고자 한다면 꾸준히 매일 지속해서 당신의 목표와 관련하여 먼저 성공을 이룬 사람들을 연관하여 생각하는 것을 매일 연습해야 한다.

 그러면 서서히 주변의 환경을 바라보는 시각과 시선이 바뀌게 되고 같은 사건이나 사람을 바라볼 때도 영감을 얻을 수 있는 새로운 시선을 갖게 될 것이다.

이러한 일련의 과정들은 어떤 때는 의식적으로, 또 어떤 때는 무의식적으로 나를 항상 성공을 향해 다가가게 한다. 목표지향적인 사람이 되게 하는 것이다. 그리고 무엇보다도 나의 미래와 성공의 모습을 더욱 풍성하게 만든다. 이것이 다른 사람의 성공을 나와의 성공과 연관시키는 가장 중요한 이유이다.

MISSION
MISSION

세상에서 가장 성공한 어떤 사람이 있었다. 그 사람에게 한 젊은이가 찾아와서 이렇게 물었다고 한다. "어떻게 하면 당신과 같이 성공할 수 있나요? 그 해답을 가르쳐 줄 수는 없나요?" 그는 큰 거울을 가져와서 젊은이를 비추며 이렇게 대답하였다. "이 거울 안에 그 해답이 있다네…"

/ 고대 희랍 우화에서…

제11장
일과 삶의
균형을 갖추어라.

헤어디자이너의
라이프스타일에는
창의적인 일들을 위한
꼭 필요한 시간에 대해
선택과 집중이 필요하다.

일과 삶의 핵심 균형요소

"일과 삶의 균형을 갖춘다는 것은
성공적인 직업전문인이
되기 위한 필요충분조건이다.
이것은 직업기술을 교육받는 과정에서,
헤어디자이너로 활동하는 과정에서,
또 어느 정도 전문성을 가진 궤도에 오른
성공한 헤어디자이너가 된 이후에도
언제나 모두 적용된다."

원래 삶 속에 '일'도 포함되겠지만, 여기에서는 '일' 이외의 영역(가족, 여가, 개인의 성장 및 자기계발)에 국한하여 사용할 것이다. 일과 삶의 균형이란 심리적·신체적 에너지를 적절히 분배되어 삶을 스스로 통제·조절할 수 있으며 삶에 대해 만족스러워하는 상태이다. 이러한 일과 삶의 균형은 일상적인 개념으로 직업인이라면 모든 계층을 망라하여 더 안정된 개인의 삶을 영위함에 반드시 요구되는 삶의 자세인 것이다.

어떤 사람들은 일과 삶의 균형을 말할 때, 일과 삶의 분리를 강조한다. 심지어 일과 삶의 완전한 분리를 주장하는 사람도 있다. 그래서 퇴근 후에는 절대로 일을 생각하지도 말라고 한다. 나는 이에 동의하지 않는다. 삶을 여가라고 하는 협의의 개념으로 바꾸어 생각해도 마찬가지이다. 일을 위해 여가가 필요한 것이고, 진정한 여가를 위해 일하는 것이다. 일은 결코 삶과 분리해서 생각할 수 없는 개념인 것이다.

따라서 일과 삶에는 공통되는 균형요소가 반드시 존재하고 이것을 통해 일과 삶의 균형을 갖추어야 한다. 일과 삶의 분리도 이러한 균형요소를 통해 다루어져야 한다. 그래야 진정한 일과 삶의 균형이 이루어진다. 일과 삶에 대한 통합적인 관점에서 일과 삶을 자신의 목표와 결합해 보면, 균형요소는 더욱 명확해진다. 일과 삶의 균형 없이는 결국 자신이 원하는 목표에도 다가갈 수 없게 될 것이기 때문이다.

일과 삶의 균형을 갖춘다는 것은 성공적인 직업전문인이 되기 위한 필요충분조건이다. 이것은 직업기술을 교육받는 과정에서, 헤어디자이너로 활동하는 과정에서, 또 어느 정도 전문성을 가진 궤도에 오른 성공한 헤어디자이너가 된 이후에도 언제나 모두 적용된다.

 이 책에서 그동안 강조해 온 중요한 내용으로서, 변화에 도전하는 것이라든지, 나만의 차별화된 경쟁력을 갖추는 것, 전문직업인으로서 자기 자신을 연출하고 표현하는 것들은 모두 그 원천이 습관처럼 내면화되어 지속 가능할 때 가능한 일들이다. 일과 삶의 균형을 갖추지 못한다면 모두 불가능한 일인 것이다. 자신이 원하는 성공적인 헤어디자이너로 성장하는 길은 매우 긴 여정이다. 헤어디자이너로 활동하는 한 이것을 끝까지 잊지 말아야 한다.

여가의 의미와 중요성

"여가는 일을 더 잘하기 위한 휴식이 있는
충전시간이며,
어떤 경우에는 더 나은 기술을 연습하고
관련 지식을 탐색하는 시간이다.
그리고 영감을 더 얻기 위한 여행이나
어떤 사람과의 만남이 될 수도 있다.
이것을 일의 연장이라고 생각해서는 곤란하다."

영국 런던 유학시절 헤어살롱에서 아르바이트를 많이 했다. 지금은 우리나라에서도 아르바이트 소위 '알바'라는 말이 흔하게 쓰이지만, 25년 전 영국의 헤어살롱에서 경험한 파트타임으로 일하는 방식은 그때에는 무척이나 신기했다. 그 당시 한국에서 일했던 헤어살롱 환경은 하루에 14시간 일하고 한 달에 쉬는 날이 고작 하루 이틀밖에 되지 않았다. 이것에 익숙한 나에게는 주3~4일 근무에 오전·오후 나누어서 일할 수 있고, 일하지 않는 날에는 가족과 함께 휴가를 보내며 일에 대한 새로운 영감을 얻기 위한 시간으로 활용하는 그들의 라이프스타일이 너무 부러웠다.

헤어디자이너의 라이프스타일에는 창의적인 일들을 위한 시간이 포함하여 그 구성에 선택과 집중이 필요하다고 느낀 경험이었다. 그래서 런던에서 돌아와 살롱을 운영하면서 헤어디자이너들의 일과 삶의 균형을 고려하여 근무 시스템을 만들기 위해 노력했다. 첫 번째 시도는 주5일 근무를 시작으로 주4일 근무까지 현장에 도입해 보는 것이었다. 나의 이 노력은 지금도 진행 중이며, 현실적으로 우리 헤어살롱 현장에 완전히 녹아들기 위해서는 아직 더 노력할 부분이 많이 남아있다. 내 의도는 일을 더 잘하기 위한 것인데, 아직 우리 헤어디자이너들은 단순히 일을 좀 더 편하게 하겠다는 인식이 더 지배적이다. 자기 일과 휴식이 있는 삶의 균형을 위해 무엇에 어떻게 집중해야 하는지에 대한 훈련과 인식의 전환이 무엇보다도 필요하다. 지금까지 나의 이 노력은 앞으로도 계속될 것이다.

이 관점에서 여가는 일을 더 잘하기 위한 휴식이 있는 충전시간이며, 어떤 경우에는 더욱 나은 기술을 연습하고 관련 지식을 탐색하는 시간이다. 그리고 영감을 더 얻기 위한 여행이나 어떤 사람과의 만남이 될 수도 있다. 이 것을 일의 연장이라고 생각해서는 곤란하다. 반대로 업무시간에도 더 일을 잘하고 집중하기 위해 명상이나 스트레칭, 음악 감상과 같은 휴식시간을 포함할 수 있다. 어떤 특정 상황에 따라서 일과 삶을 어떻게 나의 목표와 일치시킬 것인가에 대해 정도의 차이는 있겠지만, 지금 직업인으로 첫발을 내딛는 여러분들은 일과 삶을 좀 더 자신의 직업적 목표에 집중시킬 필요가 있을 것이다.

가장 지혜로운 사람

"만나는 사람 모두에게서 뭔가를
배울 수 있는 사람,
마주치는 모든 사물에서 무언가를
배울 줄 아는 사람이 세상에서 가장
지혜로운 사람이다."

헤어디자이너에게 필요한 중요한 덕목 중의 하나는 만나는 사람 모두에게서 뭔가를 배울 수 있는 사람, 마주치는 모든 사물에서 무언가를 배울 줄 아는 사람이 되는 것이다. 매순간 배움의 자세를 잊지 않고 지속해서 훈련할 수 있는 사람이 되어야 한다. 그래서 항상 배우는 자세로써 겸손한 마음과 자세 그리고 일과 삶의 균형을 유지할 수 있어야 한다.

가르치는 사람도, 배우는 사람도 그리고 우리가 만나게 될 모든 사람을 모두 사랑하고 존중하며, 마주치고 경험하게 될 모든 환경과 상황들을 인정할 수 있을 때 더 많은 것을 배울 수 있고 더 성장할 수 있다. 이 말에는 우리의 성장 이면에는 일이나 직업교육 이외에 삶 속에서(특히 여가) 마주하는 모든 것에서 더 많은 새로운 직업적 영감을 얻게 된다는 의미가 내포되어 있다. 적어도 헤어디자이너라는 직업에서는 이러한 감성을 가지고 항상 배울 수 있는 사람이 세상에서 가장 지혜로운 사람이다.

헤어디자이너에게는 만나는 모든 사람이 그리고 모든 환경이 나의 스승이다. 기술을 전달해 주는 원장이나 강사들만이 스승이 아니다. 우리가 만나는 수많은 고객, 함께 일하는 동료와 상사들… 만나는 모든 사람에게서 내가 직접 경험하지 못한 그들의 생각, 경험, 감정을 공유하고, 새롭게 마주치는 모든 상황에서 변화하는 나를 소중함으로 간직하자. 그렇게 공감하고 배우고 생각하고 감사하며 헤어디자이너에게 필요한 직업적 영감을 얻는 방법을 훈련해야 한다.

열린 마음과 순수한 배움의 자세로 만나는 모든 사람 그리고 새롭게 마주치는 모든 상황에서 배움의 뿌리를 내리고 그 위에 습득하게 될 기술과 지식의 가지를 뻗어 성공이라는 과실을 얻어야 한다.

그리고 헤어디자이너라는 자신의 직업을 사랑할 수 있어야 한다. 사랑에서 출발하여야 나와 내 주변의 결핍을 볼 수 있고 채울 수 있게 된다. 전문직업인으로 나아가기 위한 긴 여정에서 가장 큰 에너지이자 든든한 동반자가 될 것이다. 고객에 대한 진심 어린 사랑에서 출발한 테크닉이 최고의 서비스로 완성된다.

헤어디자이너의 창조력은 감성에 의해 길러진다. 그리고 감성은 일과 삶의 균형에서 만들어진다. 감성은 지식과 기술의 조화를 만들어 낸다. 전문직업인에게 감성이란 일에 본질을 제대로 파악하게 하는 능력으로서, 아무리 지식과 기술이 좋다 하더라도 감성으로 접근하지 못하면, 고객에게 감동을 줄 수 있는 최고의 서비스로는 완성되지 않는다. 우리는 감성을 키우기 위해 일과 삶의 균형에 집중해야 한다. 예리한 감성은 좋은 것을 자주 경험하고 훌륭한 사람들과의 만남을 통해 길러지기 때문이다. 또 일과 삶의 균형과 조화를 이룰수록 감성능력은 더 강력해진다.

스스로 만드는 행복의 조건

"직업인으로서 나 자신을 유지하고
지켜내는 방법을
스스로 터득해야 한다."

우리는 어떻게 되어야 또 무엇을 얻어야 행복한 상태에 도달하게 될까? 목표로 하는 지위에 오르거나 계획된 만큼의 돈을 벌면 행복해 질까? 당연히 직업과 관련해서 어떤 목표에 도달하는 것은 중요한 행복의 조건이 될 것이다. 거꾸로 행복한 상태를 유지하는 것이 지속해서 목표를 달성할 수 있게 하는 조건이 되기도 한다. 새로운 일을 시작하는 초기에는 이것이 더 중요할 수도 있다.

 헤어디자이너로서 새로운 일을 시작하는 초기에는 마주하는 환경이 낯설고 힘든 상태가 반복되거나 지속하는 상황이 빈번하게 발생한다. 어떤 경우에는 너무 지쳐서 누울 힘조차 없을 때도 있다. 또 일에 대한 자신감이 떨어져서 다시 시도하는 것이 두려운 상황에 몰릴 수도 있다. 여러 가지 상황에서 다시 시작할 힘을 얻기 위해 행복의 조건을 스스로 만들어 자신을 유지하고, 이를 극복해 내야 한다. 행복은 우리에게 외부에서 주어지는 것이 아니라 우리 내부에서 찾는 것이다. 그래서 일과 삶의 균형이 중요하다.

 일과 삶의 균형은 행복의 조건을 스스로 만드는 출발점이다. 스스로 행복한 사람은 긍정적인 감정을 더 많이 느끼고, 부정적인 감정을 스스로 조절한다. 행복의 조건을 내 주변에서 찾는다. 사실 객관적인 행복은 존재하지 않는다. 어떤 지위에 오르면 오를수록, 무언가를 가지면 가질수록 우리는 더 오르고, 더 갖기를 원하게 된다. 끝없는 욕망으로 항상 불만족 상태에 있지 말고, 작은 행복에 감사할 줄 알아야 한다. 감사와 행복의 조건을 스스로 만들고 우리를 지속해서 행복한 상태로 유지하는 것이다. 일과 삶의 균형이 유지되면, 우리를 불편하거나 힘들게 하는 상황으로부터 멀어지도록 만들고, 다시 시작하는 데 필요한 용기와 힘 얻을 수 있는 상태로 우리를 돌아가게 한다.

종종 고독해질 때도 생긴다. 직업인이란 원래 그런 것이다. 수많은 고객을 만나고 함께 일하는 동료와 상사들도 있지만 헤어디자이너는 서비스에 대한 책임을 져야 하고 항상 평가가 뒤따르는 직업 특성상 더 그렇다. 고독은 때때로 스스로에 대해 배우고 인생을 되돌아볼 수 있는 시간을 준다. 자신의 장단점을 알고 개선해야 할 점을 찾아볼 수 있는 여유를 준다. 스스로 더 잘 알게 하고 똑바로 마주할 기회가 된다. 스스로 만든 행복의 조건으로 고독을 대하면 고독한 시간조차 행복의 조건이 된다. 그리고 이제 다시는 고독하지도 않게 된다.

고객에게 심한 클레임을 받거나, 상사에게 질책을 받은 경우에도 스트레스를 받거나 스스로 자신을 괴롭히지 말기 바란다. 그 일을 무시하거나 아무렇지 않게 생각하라는 것은 아니다. 다만, 교훈을 생각하되 실망이 커지지 않도록 하고, 당신이 잘해냈던 순간, 칭찬받았던 기억을 떠올려 보라는 것이다. 일에 대한 스트레스라는 것도 무조건 안 좋은 것으로 생각할 필요는 없다. 적당한 스트레스와 긴장은 오히려 일에 도움이 된다. 모든 것이 스스로 만든 행복의 조건에 따라 생각하기 나름인 것이다. 그렇게 직업인으로서 일과 삶의 균형을 갖추고, 나 자신을 유지하고 지켜내는 방법을 스스로 터득해야 한다.

MISSION
MISSION
MISSION

억지로 도덕적인 사람이 되려고 하지 말라, 인생을 즐길 수 없게 된다.
도덕 그 이상을 목표로 하되, 단순한 선함이 아니라 목적이 있는 선함을 가져라.

/ 헨리 데이비드 소로우

제12장
항상 배우며 성장하고
성취하여 나누자.

욕심은
채울수록 모자라지만
베풂은
나눌수록 커진다.
나눔은 우리를
더 풍요롭게 한다.
나눌 수 있는 사람이
더 위대한 사람이다.

긍정적인 사고와 적극적인 마인드

"스스로 긍정적인 사고와 적극적인
마인드를 유지할 수 있다면,
이제 문제는 나를 실패로 인한 좌절로
인도할 골칫덩어리가 더 이상 아니다.
우리가 겪게 될 문제들은
오히려 나를 성공으로 이끄는
디딤돌인 것이다."

 이 사회를 살아가는 사람들은 수많은 문제로 고민하고 있지만, 그 실상을 깊숙이 들여다보면 그 원인은 외부의 요인보다 내면의 문제인 경우가 더 많다. 가장 큰 문제는 자기 자신이 스스로 갖는 열등감과 좌절감과 같은 부정적인 생각들이다. 부족한 자신에게 상심할 때, 절대 나아질 것 같지 않은 미래에 대한 불안감에 빠져 있을 때, 대부분 사람은 항상 스스로 체념하고, 습관처럼 좌절의 늪에 빠지곤 한다.

새로운 시도에는 많은 실패가 뒤따르게 된다. 실패는 두려운 일이다. 하지만 아무것도 하지 않음에 따른 평안함에 안주하기보다는 실패로 인한 경험을 즐길 줄 알아야 한다. 실패로 인해 좌절하지 않는 한 이것이 훨씬 더 낫다. 새로이 무엇인가를 시작하는 데 실패는 어쩌면 당연히 겪어야 할 과정이다. 항상 긍정적인 사고와 적극적인 마인드를 유지할 수 있어야, 실패에 대한 두려움을 이겨낼 수 있다.

전혀 새로운 사고방식을 가지고 문제를 바라볼 수 있어야 한다. 스스로 긍정적인 사고와 적극적인 마인드를 유지할 수 있다면, 이제 문제는 나를 실패로 인한 좌절로 인도할 골칫덩어리가 더 이상 아니다. 우리가 겪게 될 문제들은 오히려 나를 성공으로 이끄는 디딤돌인 것이다. 이러한 자세에서 스스로 우리에게 다가올 모든 문제를 해결할 수 있다고 믿어야 한다.

나는 헤어 현장에서 후배 헤어디자이너를 기르는 일을 꾸준히 해왔다. 되돌아보면 지난 세월 동안 이 일을 하면서 수많은 어려운 상황에 부딪혔지만, 그때마다 적극적인 마인드로 나를 지탱해 온 것 같다. 그래서 그동안 후배 헤어디자이너들에게 항상 스스로 다시 돌아보며 자신에 대한 믿음과 함께 적극적인 마인드를 가지고 해야 할 일들을 반복해서 실천해 나갈 것을 강조해 왔다. 나는 적극적인 마인드에 따른 성과들을 일상의 작은 일들 속에서 확인해 가는 것에서 현재 모습보다 더 나은 미래를 나의 것으로 만들어 갈 수 있다고 확신한다.

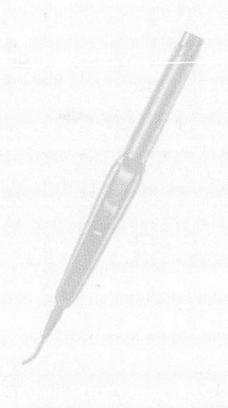

뛰어난 헤어디자이너는
타고나는 것이 아니다

"배움에서 가장 어려운 것은 배워야
한다는 자세를 항상 유지하는 것이다.
이러한 자세를 항상 유지하고
도전적인 목표를 설정하여
개선해야 할 것들에 날카롭게 집중해야 한다"

우리는 무엇으로 성장하는가? 성공한 사람들은 자기에게 만족하지 않았던 사람들이다. 대부분 분명한 목표를 가지고, 늘 자신의 부족함을 찾아내려고 노력한다. 자신의 부족함에 불편을 느끼고. 오히려 이를 채워가는 자신에게 만족을 느낀다. 이들은 자신의 원하는 것만을 생각하지 않고 이를 위해 무엇이 부족한지를 깊이 이해하는 사람들이다.

어떤 사람들이 성장하고 또 성공할까? 머리가 좋은 사람? 재능이 뛰어난 사람? 환경이 좋은 사람? 내가 지난 30여 년 헤어디자이너 활동과 교육현장에서 경험한 바로는 성공한 헤어디자이너들은 항상 배우려는 자세를 가진 사람들이었다.

뛰어난 헤어디자이너는 타고나는 것이 아니다. 아무리 뛰어난 재능도 노력하지 않으면 잠재력일 뿐이다. 잠재력을 능력으로 만들어주는 것도, 탁월한 성취로 만들어주는 것도 결국은 지속적인 노력이다. 그래서 항상 배우려는 자세가 중요하다. 재능에 노력이 더해지면 기술로 완성되고, 기술에 노력이 더해져야 성취라는 열매를 얻을 수 있다. 가끔 자신의 일터나 심지어 직업까지 수시로 바꾸는 사람들을 볼 수 있다. 이들에게 직업적 전문성이나 성과가 생겨날 리 만무하다. 제아무리 뛰어난 재능이 있다고 하더라도 이들이 전문직업인으로 성장하기란 거의 불가능에 가깝다. 지속 가능할 수 있어야 직업적 성취를 얻을 수 있다는 것이다.

헤어디자이너로 살아가는 동안에는 항상 배움의 자세를 유지해야 한다. 헤어디자이너에게는 항상 배우며 성장하려는 자세가 중요하다. 우리가 원하는 목표들은 시간이 지나면 모두 다 성취될 것이라고 믿어라. 다만, 시간이 해결해 주는 것이 아니라, 그 시간을 어떻게 보냈느냐에 따라 그 결과가 달라진다. 배움을 멈추지 말고 날마다 하나씩 새로운 것을 생각하고, 새로운 것을 행동하고, 새로운 변화를 시도해 보자. 이렇듯, 성공한 헤어디자이너들은 항상 배우며 성장하는 것을 늘 추구해 온 사람들이다.

특히, 배움에서 가장 어려운 것은 배워야 한다는 자세를 항상 유지하는 것이다. 이러한 자세를 항상 유지하고 도전적인 목표를 설정하여 개선해야 할 것들에 날카롭게 집중해야 한다. 생각을 한 방향으로 모아 집중해서 자신의 주변을 부단히 관찰하여 본보기와 자극을 찾아내고, 여기에서 자신의 성장에 요구되는 결핍을 지속해서 채울 수 있어야 한다. 온전한 집중과 노력을 통해 일을 수행하고 일에 대한 피드백을 받아 처음부터 다시 반복하는 지속적인 개선을 연습하는 과정들이 모여서 결국 숙달된 눈부신 기량이 만들어진다. '항상 배우며, 성장하는'이라는 말에서 알 수 있듯이, 이 말은 초장기 헤어디자이너에게만 적용되는 말이 아니다. 헤어디자이너라는 직업을 유지하는 한 항상 요구되는 가장 중요한 자세인 것이다.

성취하여 나누는 삶의 가치

"나는 헤어디자이너의 직업적 소명의식에
'성취하여 나누는 삶의 가치'를
항상 강조해 왔다.
우리가 지금까지 살펴본 전문직업인으로서
헤어디자이너의 변화, 열정, 도전은
사명(직업소명)에서 비로소 완성된다."

나는 그동안의 경험에서 헤어디자이너는 철저히 '이타적인 직업'이라는 확고한 신념을 지니게 되었다. 우리는 직업과 관련하여 '목적이 있는 선함'을 가져야 한다. 이 말은 단순히 착하게 살라는 말이 아니다. 전문직업인으로 성공하기 위한 분명한 목표 속에 "왜 이 일을 하는가?", "누구를 위하여 이 일을 하는가?"와 같은 이타적인 가치들이 포함되어 있어야 한다는 것이다. 이것을 직업적 소명의식이라고 한다. 그래서 나는 헤어디자이너의 직업적 소명의식에 '성취하여 나누는 삶의 가치'를 항상 강조하여 왔다.

헤어디자이너로 시작하는 지금 이 시기는 원하는 어떤 것을 성취할 것인가에 우리의 모든 초점이 맞추어져 있기 마련이다. 도전해야 할 과제들이 산적해 있을 것이다. 그리고 아직은 성취한 것들이 미미할 것이다. 그래서 지금 무엇을 나눈다는 말을 하기에는 시기상조일지 모른다. 그러나 나눈다는 것 자체가 우리의 목표에 포함될 수 있다면, 전문직 헤어디자이너로서의 직업적 가치를 더욱 상승시킬 수 있다. 현재 내가 가진 것들이 적을지라도 지금부터 하나하나 성취해가는 것들을 나누는 일을 연습해야 한다. 이런 일들을 나중에 성공하면 할 수 있는 일이라고 생각하지 마라. 우리가 가진 것이 적을 때는 많을 때나 나눌 수 있는 마음을 갖는 것이 중요하다. 적은 것들부터 나누는 경험을 가진 사람들이 나중에 더 큰 것을 성취하여 나눌 수 있기 때문이다.

원래 나눈다는 말은, 편을 나누거나 이익을 나누거나 등 부정적인 언어로 많이 사용하여 왔지만, 나눌수록 더 커지고, 더 긍정적인 결과를 만들어 내는 것들도 있다. 우리들의 생각, 가치. 재능... 이런 것들이 여기에 속한다. 우리가 얻은 성취의 결과들은 나눈다고 해서 결코 줄어들거나 없어지지 않는다. 나중에 훨씬 더 큰 성취로 돌아오기 때문이다. 물질도 나눌 수 있을 때 더 커진다. 어떻게 벌 것인가도 중요하지만, 어떻게 쓸 것인가도 매우 중요한 문제이다. 이익추구만을 위해 움직이던 기업들도 그들의 이익을 사회와 나누려 한다. 소비자들로부터 더 사랑받고 기업이미지를 더 좋게 하기 때문이다. 이제 그렇지 않은 기업들은 살아남기 힘든 세상이 되었다. 이렇듯, 나눔은 우리를 더 풍요롭게 한다. 나눌 수 있는 사람이 더 괜찮은 사람이고 더 사랑받고 더 인정받고 결국 존경받는 사람까지 될 수 있다. 이것을 명심해야 한다. 선배 헤어디자이너가 후배에게 자신의 기술을 자연스럽게 흘려보내는 일도 나눔이다.

 직업적 소명의식을 갖는 것은 나에게도 타인에게도 사회에도 중요하다. 자신이 수행하게 될 '일의 의미'를 발견하는데 전제가 된다. 자기의 직업을 사랑하고 귀하게 여길 줄 알아야 한다. 자기 일에 대한 가치를 아는 사람들이 직업에 대한 소명(사명)의식을 가질 수 있다. 자기 자신의 내면을 바라보는 것에서부터 변화를 시작하여 그 영향력이 다른 사람과 상호작용을 통해 열정과 도전의식을 만들고 이것이 직업적 소명의식으로 이어지게 된다. 이렇듯 우리가 지금까지 살펴본 전문직업인으로서 헤어디자이너의 변화, 열정, 도전은 사명(직업소명)에서 비로소 완성된다.

마음으로 소통하는 헤어디자이너

"기본적으로 헤어디자이너의 역할에는
기술적인 서비스와 더불어
고객과의 대화, 일상의 공유,
더 나아가 감정의 공감 등 고객과의
관계 형성이 필연적으로 포함된다."

세상의 어떤 사람도 머리카락을 자르거나 손질하지 않는 사람은 없다. 정도의 차이는 있겠지만, 지금까지도 그래 왔고 앞으로도 그럴 것이다. 사람들은 계속 태어날 것이고, 사람들의 머리카락 역시 항상 자라날 것이다. 그래서 나는 '언제, 어디, 어느 사회에서도 항상 필요한 직업'이 헤어디자이너라고 생각해 왔다. 정말 당연한 이야기이고 우스운 소리처럼 들릴지도 모르지만, 이것이 내가 처음 헤어디자이너가 되어야겠다고 생각한 가장 큰 이유이기도 하다.

헤어디자이너는 다른 사람들의 마음을 읽을 수 있는 능력이 있어야 한다. 그래야 다른 사람들의 마을을 얻고 그들의 마음을 다루고 가꾸는 특별한 직업인으로 성장할 수 있다. 기본적으로 헤어디자이너라는 직업은 기술적인 서비스제공 이전에 사람을 상대하는 직업이다. 따라서 헤어디자이너의 역할에는 커트, 펌, 염색 등과 같은 기술적인 서비스와 더불어 고객과의 대화, 일상의 공유, 더 나아가 감정의 공감 등 고객과의 관계 형성이 필연적으로 포함되어 진다. 사람을 상대한다는 것은 항상 어려운 일이지만, 나는 오히려 이것이 헤어디자이너라는 직업의 가장 큰 장점이라고 늘 생각해 왔다.

그러나 실제 서비스 현장에서 고객들과의 관계 형성은 생각만큼 녹녹하지 않다. 특히 헤어디자이너 초창기 시절에는 더욱 그럴 것이다. 고객들과의 깊은 관계를 만들어가는 것은 매우 힘든 일이고, 또 하루아침에 되는 일도 아니다. 고객들이 느끼는 서비스결과에 대해 늘 불안감을 가질 수밖에 없다. 더구나 호의적이지 않은 고객들을 만나는 것은 그 자체가 더욱 두렵고 불안한 일이다. 고객들의 스펙트럼은 너무나 다양하다. 똑같은 얼굴이 없듯이, 두상도 모두 다르고 서비스에 대한 그들의 반응 역시 제각기 모두 다르다. 서비스결과에 대한 책임은 전적으로 헤어디자이너에게 있기 때문에 항상 큰 중압감으로 다가오기 마련이다.

나의 헤어디자이너 초창기 시절 역시 크게 다르지는 않았다. 고객들에 대한 서비스결과에 늘 불안감이 있었다. 이러한 불안감은 시간이 지나고 기술수련을 통해 좀 더 자신감이 붙은 상황에서도 크게 해소되지 않았다. 그래서 어느 날부터 생각을 달리하기 시작했다. 내가 제공한 서비스에 대한 만족과 평가는 고객에 따라 각기 다르겠지만, 내가 제공하는 서비스의 진정성은 나 스스로 항상 일관되게 유지할 수 있겠다고 생각했다. 그래서 한 명, 한 명 고객들을 대할 때마다 꼼꼼히 특성을 파악하고, 전문적 지식과 기술을 가지고 그들이 원하는 서비스에 나의 진정성을 담아내도록 집중했다. 나는 나의 진심이 통할 것이라고 믿었다. 이를 계기로 서서히 고객의 반응에 대한 불안감이 해소되기 시작했고, 내가 제공하는 서비스에 대한 자부심이 생겨났으며, 내가 '사람들의 마음을 다루고 내면까지 가꾸는 헤어디자이너'라는 꿈에 점점 더 다가갈 수 있게 되었다.

 최고의 기술로 서비스하기 위해 기술을 연마하는 것 못지않게 마음 대 마음으로 고객을 대하는 연습도 중요하다. 나는 지금까지도 이 연습을 게을리하지 않고 있다. 그동안 나를 지나쳐간 모든 고객 모두에게 전해지지는 못했을지라도, 스타일링에 대하여 내가 설명했던 말보다, 내가 고객들에게 제공했던 어떤 기술적 서비스보다, 서비스에 마음을 담아 건넸던 나의 진심이 그들의 마음에 조금이라도 더 다가갔기를 나는 지금 이 순간에도 기도한다.

에필로그

 나는 헤어디자이너 개개인의 성장도 중요하지만, 궁극적으로는 우리를 통해 미용 산업 전체의 질적 향상을 도모하고 헤어디자이너의 사회적 인식수준이 한층 더 높아지기를 간절히 염원한다. 실제로 저자가 유럽, 일본, 미국 등지에서 경험하고 놀라웠던 사실은 수준 높은 교육과 서비스의 질 이외에도 사회에서 헤어디자이너를 바라보는 높은 인식의 수준이었다. 이들 선진국에서는 헤어디자이너가 고소득과 선호도가 높은 인정받는 직업군이었다.

 성공이라는 것은 스스로 노력도 중요하지만, 사회에서의 인정도 그 못지않게 중요하다. 그래서 우리가 모두 전문직업 소양의식을 가지고 우리의 직업기술에 더 나은 가치를 더하여 사회에서 필요로 하는 인정받는 전문직업인으로 함께 성장해야 한다. 함께 노력하는 것이 중요하다.

 나는 '배움'은 '사랑'이라고 해석하고 이를 강조해 왔다. '뷰클래스아카데미'가 지향하는 목표는 직업기술에 더 나은 가치를 더하고 전문직업의식과 소명을 품은 사회의 필요한 인재로 육성하는 것이다. '배움으로 성장하고 성취하여 나누는, 일과 삶의 균형을 갖춘 전문직업인' 이것이 저자가 희망하는 인재상이다. 우리 스스로 직업에 대한 자부심을 품고 스스로 하는 일에 대한 긍지를 갖고 지속해서 성장하는 일과 삶의 균형을 갖춘 전문직업인으로 헤어디자이너라는 우리 모두의 공동 목표를 향해 나아가자.

이제 이 책을 마무리하며 다시 한 번 강조하고 싶은 것은 "일과 삶의 균형을 갖춘 전문직업인으로서 헤어디자이너가 되라!"는 것이다. 헤어디자이너로 살아가는 여러분들에게 일과 삶의 균형을 갖춘다는 것은 성공적인 직업전문인이 되기 위한 필요충분조건이 된다. 이것은 직업기술을 교육받는 과정에서, 헤어디자이너로 활동하는 과정에서, 또 어느 정도 전문성을 가진 궤도에 오른 성공한 헤어디자이너가 된 이후에도 모두 적용된다. 이 책에서 요구하는 더 괜찮은 사람이며 더 사랑받고 더 인정받고 결국 존경받는 헤어디자이너로 성장하는 길은 매우 긴 여정임을 끝까지 잊지 말기를 당부한다.

이 책이 성공적인 인생을 꿈꾸는 여러분들에게 작은 등불이 되기를 소원하며 건투를 빌고 싶다.

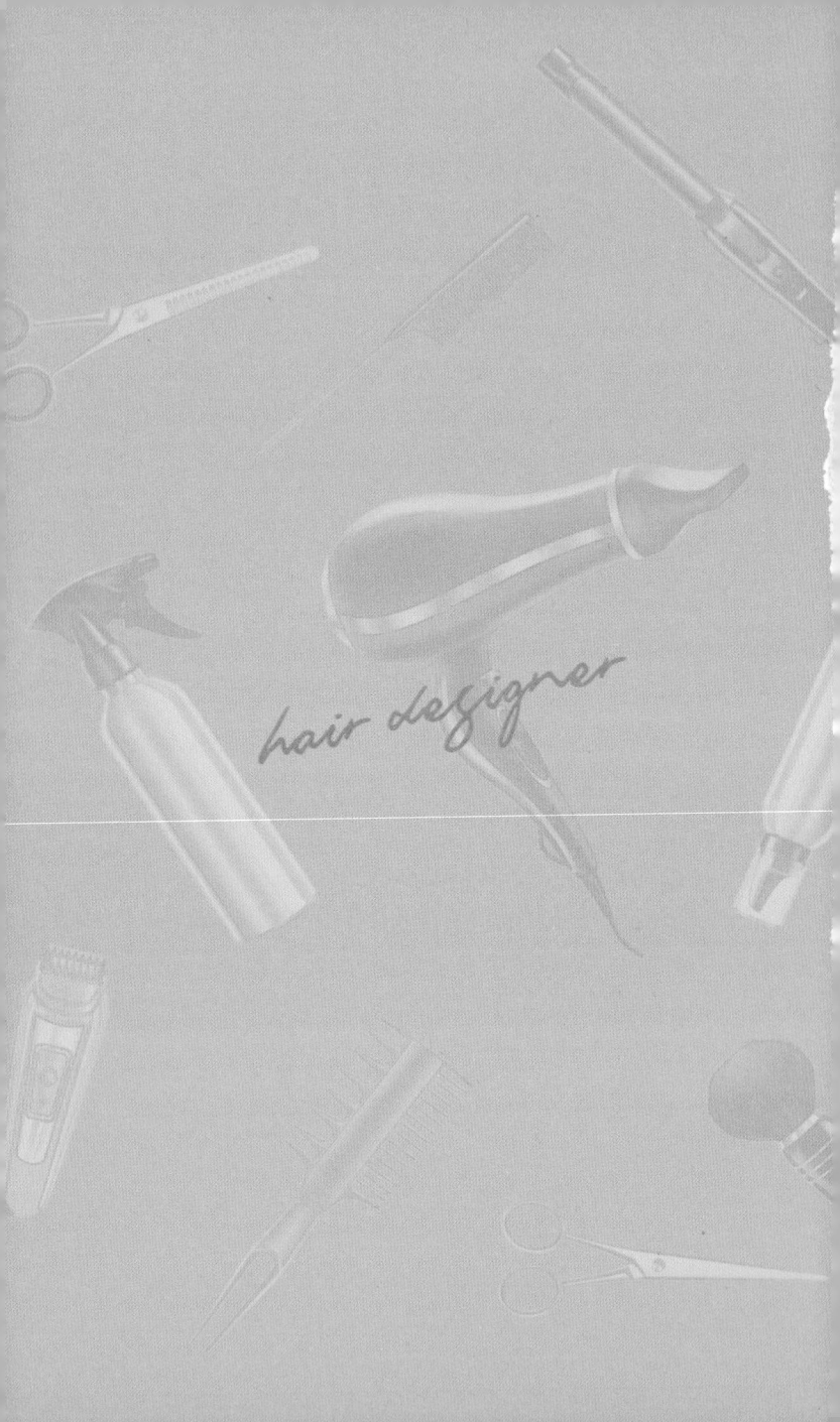